수학의 흥미를 높이고 코딩과 친숙해지는

# 문제해결 파이썬 with 수학

길벗

**이경미**

현 안양공업고등학교 XR융합응용학과에서 "Change the World with Innovative Software!라는 비전을 가지고 가상·증강현실 인재양성에 힘쓰고 있다. 미래유망분야 고졸인력양성사업(AR/VR분야)을 운영하며 학생들이 소프트웨어로 꿈을 이루어가는 과정을 지켜보는 것이 즐거운 교사이다. 저서로는 《웰컴투 인공지능: 누구나 쉽게 이해할 수 있는 AI 입문서》(서사원, 2021)가 있다.

**이수연**

현 관양고등학교 정보교사로 끊임없이 자기 성장을 하는 학생들 속에서 함께 배우고 성장하며 학생들이 미래 사회를 살아갈 역량을 키우는 데 조금이나마 도움을 주고자 노력하는 교사다. 학생들과 더불어 삼성 주니어 소프트웨어 아카데미, 경기주니어 콘텐츠학교, 그리고 소프트웨어 선도학교 등을 운영하였다.

**안주연**

현 경기게임마이스터고 정보교사로 중·고등학교에서 21년 넘게 근무하고 있다. 한국교원대학교 교육대학원에서 컴퓨터교육 전공으로 석사학위를 취득하고, 소프트웨어 선도학교 및 삼성 주니어 소프트웨어 아카데미 운영을 하며 학생들의 문제해결력 및 컴퓨팅 사고력 향상을 위해 노력하고 있다.

# 문제해결 파이썬 with 기본 수학

**초판 1쇄 발행** · 2023년 6월 20일

**지은이** · 이경미, 이수연, 안주연
**발행인** · 이종원
**발행처** · (주)도서출판 길벗
**출판사 등록일** · 1990년 12월 24일
**주소** · 서울시 마포구 월드컵로 10길 56(서교동)

**대표 전화** · 02)332-0931 | 팩스 · 02)323-0586
**홈페이지** · www.gilbut.co.kr | 이메일 · gilbut@gilbut.co.kr

**기획 및 책임편집** · 김용묵(anr@gilbut.co.kr) | **표지디자인** · 윤석남 | **내지디자인** · 김희정 | **제작** · 이준호, 손일순, 이진혁, 김우식
**마케팅** · 임태호, 전선하, 차명환, 박민영, 지운집, 박성용 | **영업관리** · 김명자 | **독자지원** · 윤정아, 최희창

**전산편집** · 김희정 | **CTP 출력 및 인쇄** · 금강인쇄 | **제본** · 금강제본

▶ 잘못된 책은 구입한 서점에서 바꿔 드립니다.
▶ 이 책에 실린 모든 내용, 디자인, 이미지, 편집 구성의 저작권은 길벗과 지은이에게 있습니다.
  허락 없이 복제하거나 다른 매체에 옮겨 실을 수 없습니다.

ISBN 979-11-407-0421-7
(길벗 도서번호 060082)

정가 20,000원

---

**독자의 1초를 아껴주는 정성 길벗출판사**

**(주)도서출판 길벗** | IT실용, IT/일반 수험서, 경제경영, 취미실용, 인문교양(더퀘스트), 자녀교육 www.gilbut.co.kr
**길벗이지톡** | 어학단행본, 어학수험서 www.eztok.co.kr
**길벗스쿨** | 국어학습, 수학학습, 어린이교양, 주니어 어학학습, 교과서 www.gilbutschool.co.kr

**페이스북** | www.facebook.com/gilbutzigy
**트위터** | www.twitter.com/gilbutzigy

4차 산업혁명 시대에서는 인공지능, 빅데이터, 사물인터넷, 지능형 로봇 등과 같은 핵심 산업 분야가 소프트웨어를 기반으로 구현됩니다. 이를 위해서 코딩이 필수 요건이 되었고, 우리나라 에서는 2018년부터 초·중생들을 대상으로 코딩 교육을 의무화했습니다. 이스라엘, 영국, 미국, 중국, 인도, 핀란드 등 세계 각국에서는 이미 코딩 교육을 정규 교과목으로 시행하고 있습니다. 코딩 교육은 컴퓨팅 사고력을 통해 문제를 해결하는 능력과 창의력을 키워줍니다. 이러한 능력은 미래 사회에서 가장 중요한 요소 중 하나이기 때문입니다.

## 코딩은 컴퓨터와 소통하는 수단입니다.

코딩(coding)은 컴퓨터 작업을 위해 프로그래밍 언어 명령문을 사용하여 프로그램을 작성하는 일을 말합니다. 프로그램은 코딩으로 만들어진 결과물입니다. 코딩을 하기 위해서는 프로그래밍 언어를 배워야 합니다. 대표적인 프로그래밍 언어로는 베이직, C, 파이썬, 자바 등이 있습니다. 명령문은 프로그래밍 언어의 문법에 따라 작성된 코드입니다. 이렇게 작성된 소프트웨어는 컴퓨터 하드웨어를 작동시키는 데 사용됩니다. 즉, 코딩은 컴퓨터와 소통하는 수단이 되는 것입니다.

| | 대화 상대 | 언어 | 구성 단위 | 결과물 |
|---|---|---|---|---|
| 코딩 | 컴퓨터 | C, 파이썬,<br>자바, HTML | 명령문 | 프로그램<br>(엑셀, 한글,<br>파워포인트) |
| 외국어 | 외국인 | 영어, 중국어,<br>일본어,<br>스페인어 | 문장 | 말과 글 |

코딩과 외국어 비교

## 정보 교육과 디지털 교육은 점점 강화되고 있습니다.

2022년 12월 22일 교육부가 발표한 2022 개정 교육과정에 정보 교육을 2배로 확정 고시하였습니다. 2022 개정 교육과정의 주요 내용은 언어·수리·디지털 소양 등을 기초 소양으로 강조하고 교과에 반영하여 특히 초·중등학교 전 과정에서 수리·디지털 소양에 대한 지식·기능을 적용·활용하도록 개선하는 데 중점을 두었습니다.

우리나라는 2018년부터 초·중등학교에 코딩 교육이 의무화되었지만, 세계 여러 나라는 이미 우리나라보다 앞서서 코딩 교육을 시작했습니다. 예를 들어 이스라엘은 1994년부터 소프트웨어 교육을 정규 교과로 실시하여 수많은 소프트웨어 인재를 배출했습니다. 중국은 2001년에 이미 초등학교 3학년부터 연간 70시간 이상의 소프트웨어 교육을 시행하였습니다. 인도는 2010년부터 소프트웨어 교육을 초·중·고등학교의 필수과목으로 지정했습니다. 영국은 2014년 초등학교 1학년부터 코딩을 가르치고 있고, 미국 워싱턴주는 'K–12 컴퓨터 과학 커리큘럼'을 채택하여 유치원부터 고등학교까지 컴퓨터 교육을 하고 있습니다. 또한 핀란드, 스웨덴, 프랑스, 일본 등도 코딩 교육을 우리나라보다 먼저 실시하였습니다.

# 이제는 국 · 영 · 수 · 코 시대입니다.

'국·영·수·코'라는 말을 들어보셨나요? 국어, 영어, 수학, 코딩 각 과목의 첫 글자를 표현한 것입니다. 대학 입시에 중요한 역할을 하는 과목을 의미합니다. 이 말은 우리나라 학생들에게 코딩 교육의 중요성을 가장 잘 표현한 말입니다. 2018년 대학에 '소프트웨어(SW) 특기자 전형'이 처음 도입됐습니다. SW 특기자 전형은 대학수학능력평가시험 결과와 상관없이 컴퓨팅 사고력만을 평가해 신입생을 선발하는 제도입니다. 대학 입시에서 코딩의 중요성을 인정한 것입니다. 하지만, 코딩을 통해 배워야 할 중요한 능력은 컴퓨팅 사고력과 창의성입니다. 코딩 교육은 학생들에게 컴퓨팅 사고력을 길러줍니다. 컴퓨팅 사고력이란 '문제를 추상화하고 해결할 수 있는 논리적 절차인 알고리즘을 만들어 해결하는 능력'입니다. 알고리즘의 구조를 이해하면 다양한 다른 분야와 연결하고 융합할 수 있습니다. 코딩은 정치, 경제, 인문, 사회, 교육, 예술, 스포츠 등 다양한 분야에 활용되어 창의성을 발휘할 수 있는 도구입니다.

미래 사회는 인공지능의 발전으로 기계가 인간의 일을 대신할 것입니다. 인간은 지능을 가진 로봇과 협업하며 살아가야 합니다. 인간이 가진 로봇보다 우수한 능력은 창의성입니다. 코딩은 컴퓨팅 사고력을 키워주고 창의력을 향상시켜 주는 도구입니다. 수학을 기본으로 하여 코딩을 배운 창의·융합형 인재는 누구도 상상할 수 없는 멋진 미래를 만들 것입니다.

이 책을 통해 많은 학생이 코딩에 대한 두려움을 없애고 현실보다 더 현실 같은 가상현실과 증강현실 세계까지 설계해 볼 수 있기를 기대해 봅니다.

저자 일동

chapter

# 파이썬의 기초

chapter

# 수와 연산 코딩

chapter

# 부등식과 방정식 코딩

chapter

# 함수와 그래프

chapter

# 확률과 통계

# 코딩 학습 사이트

인공지능 분야의 성장과 함께 데이터과학, 머신러닝, 딥러닝 등 용어가 일상화되었습니다. 그러나 수학적 지식 없이는 인공지능을 깊게 이해하기 어렵습니다. 이 책은 교육적 경험이 풍부한 저자들이 누구나 쉽게 이해할 수 있도록 파이썬을 활용해 인공지능 학습에 필요한 수학적 지식을 다지는 방법을 담아냈습니다. 따라서 수학적 배경 없이 AI를 학습하는 데 어려움을 겪고 있다면 이 책이 좋은 출발점이 될 수 있습니다. 저자들은 수학 개념을 명확하고 간결하게 설명하고 있으며, 파이썬 코드를 사용하여 개념을 시각화하는 데 도움이 되기에 인공지능 학습에 관심이 있는 독자들에게 적극 추천합니다.

**건국대학교 오경선**

우리 인류의 문명이 발전할 수 있었던 이유는 언어와 문자 덕분이었습니다. 그런 면에서 코딩은 새로운 언어로서 우리의 삶에 큰 변화를 일으키고 있는 주인공이라고 볼 수 있죠. 인공지능의 발달도 모두 여기서부터 시작되었으니까요. 이 책은 '코딩'이라는 금자탑을 쌓기 위한 코어에 해당하는 수학 학습부터 프로그래밍 언어 학습을 강조하고 있습니다. 무엇보다 풍부한 시각 자료를 이용하여 학습자가 쉽게 이해할 수 있게 안내하는 점이 매우 인상적입니다. 또한 책에 적힌 내용대로 따라 하면 누구나 쉽게 그대로 해볼 수 있도록 구성되어 있습니다. 개인적으로 이 책은 일석이조(一石二鳥) 그 이상의 가치를 지녔다고 생각합니다. 첫째, 코딩에 필요한 수학 코어를 기를 수 있습니다. 둘째, 가장 많이 활용되는 프로그래밍 언어인 파이썬을 익힐 수 있습니다. 셋째, 코딩 학습 관련 정보를 다양하게 얻을 수 있습니다. 인공지능과 수학이라는 분야를 섬세하게 다룬 이 책을 적극적으로 추천합니다. 인공지능 시대에 발맞춰 여러분도 이 책을 통해 한층 더 성장하실 수 있으리라 믿고, 진심으로 응원하겠습니다.

**안양외고 교사, 《1등급 공부법》 저자 신영환**

"선생님 저는 수포자인데 컴퓨터는 잘 할 수 있어요?" 프로그래밍 수업을 받던 학생이 말간 눈으로 날 쳐다본다. 수학이 컴퓨터와 무관하지 않으니 수학을 포기하지는 말라고 하면서 컴퓨터 프로그래밍과 수학과의 관련성을 말해주고 싶었는데, 어떻게 설명해야 하나 막연했다. 이제는 그 학생의 질문에 대한 답으로 이 도서를 흔쾌히 권하고 싶다. 초등학교에서 배우는 평균 내는 법부터 중학교 과정의 확률과 통계까지 수학의 핵심적인 내용들을 계열성 있게 프로그램으로 구현해 놓으니 수학의 과정이 한눈에 들어온다. 그래서 한 번에 끝까지 공부하기보다는 수학 교과서 옆에 놓고 관련 페이지를 프로그래밍하면서 조금씩 알아가는 것이 적합하다. 수학에서 배운 원리를 학습해 가며 알고리즘으로 절차를 구체화하다보면 모호했던 개념을 확실하게 다지게 된다. 수학과 컴퓨터 프로그래밍이라는 두 마리의 토끼를 잡을 수 있는 도서이다. 프로그래밍 구현에 사용한 파이썬은 빅데이터 분석에 많이 활용되는 라이브러리 맷플롯립과 넘파이등을 자연스럽게 익히게 해주는 유익한 도서이다.

정보·컴퓨터 교사 임미경

이 책은 수학과 프로그래밍을 함께 공부하고자 하는 학생들에게 좋은 책입니다. 학생들이 쉽게 배울 수 있는 파이썬을 이용하여 수학적 개념을 다루는 방법을 가르치며, 수학에 대한 지식이 많지 않은 학생들도 쉽게 따라갈 수 있도록 구성하려고 노력한 흔적이 많이 보입니다. 또한, 수학을 좋아하는 학생들이 파이썬 프로그래밍을 배우는 새로운 방법으로 활용하기에도 도움이 되리라 생각됩니다. 물론 파이썬으로 수학과 프로그래밍을 함께 공부하고자 하는 분들에게도 이 책을 추천합니다. 코딩과 인공지능이 필수가 되어가고 있는 세상에서 수학적 이론과 코딩, 알고리즘에 대한 개념을 배우는 것은 매일 밥을 먹는 것처럼 자연스럽고 당연한 것이 되어가고 있습니다. 이 책은 수학과 프로그래밍을 어렵지 않고 재미있게 학습할 수 있도록 구성되어 있어 여러분들이 프로그래밍을 자연스럽게 할 수 있도록 도와줄 것입니다.

정보·컴퓨터 교사 김일임

이 책은 4차산업혁명 시대를 살아가는 우리들이 꼭 알아야 할 내용인 수학과 코딩의 융합이 어떤 것인지 찾아갈 수 있는 이정표를 독자에게 제시합니다. 교과과정에서 배웠던 수학개념이 다양한 문제 해결에 쓰임으로써 살아있는 지식이 되고, 이를 통해 수학이란 결국 프로그래밍의 핵심인 알고리즘과 맞닿아있다는 사실을 발견하게 됩니다. 또한 책의 내용대로 따라가기만 하면 누구나 쉽게 가장 인기 있고 다양한 분야에서 활용되고 있는 파이썬 언어에 대해 자연스럽게 익힐 수 있습니다. 더불어 수학 학습에 흥미를 느낄 수 있다는 점이 매력적이라고 할 수 있습니다.

**구글이 인정한 AI 수학 SolveMate**
**㈜프로키언 대표 이재윤**

코딩의 'ㅋ'자도 모르지만 이 책을 통해 코딩이라는 걸 처음 접했습니다. 처음에는 거부감이 조금 들었던 것이, 기계치인 데다가 수학도 좋아하지 않는데 수학으로 배우는 코딩이라니…. 그러나 막상 읽기 시작하니 흥미가 생기기 시작했습니다. 컴퓨터와 대화하기 위해 사용되는 것이 코딩이라니. 차차 읽어나가며 이미 알고 있는 수학 원리들을 사용해 코딩 원리들을 이해하며 단계를 차례차례 받아들이게 되었습니다. 그 원리들도 신기했습니다. 이 책은 코딩 입문서로 매우 좋은 것 같습니다. 만약에 중학교 수학이 기억나지 않는다 하더라도 다시 기억하면서 할 수 있고, 기억할 수 있다면 더욱 쉽게 원리들을 받아들이고 적용해볼 수 있을 테니까 일거양득이라고 볼 수 있습니다. 수학 복습에 코딩 공부까지! 그래도 우리가 4차 산업 혁명 시대를 살고 있다는데 코딩의 '코'자 정도까지는 알 필요가 있지는 않을까요? 이 책을 읽고 이제 조금 코딩의 세계의 발을 들여놓았으니 우리 모두 다 같이 코딩을 조금이라도 알기 위해 노력해봅시다!

**홈스쿨 정세아**

이 책이 특별한 이유는 시중에 나와 있는 많은 코딩 책 중에서도 수년간 많은 학생들을 가르치면서 쌓아온 노하우와 경력이 담겨있기 때문입니다. 책을 쓰신 선생님들의 오래된 제자인 저는 사실 코딩에 관심이 크게 있지 않아 항상 어려움을 느꼈습니다. 그러나 이 책은 코딩을 처음 배우는 사람과 관심이 없는 사람도 부담 없이 읽기 좋은 책입니다. 파이썬을 기반으로 수학적 접근을 통해 누구든 쉽게 코딩에 입문하기 좋습니다. 다양한 예제와 풀이를 통해 기초를 다지기 충분하며 코딩과 친해질 수 있는 책입니다. 코딩이 대세인 시대, 이 책을 통해 많은 학생들이 문제 해결 능력과 창의력을 키우는 기회를 제공합니다.

**대학생 김승우**

이 책을 통하여 코딩을 처음 접하거나 알고리즘을 구상하는 것에 관심이 있는 사람들에게 이 책을 추천합니다. 이 책은 프로그래밍을 시작할 때 보편적으로 입문 난이도가 낮은 컴퓨터 언어인 python을 기반으로 알고리즘을 구상하는 내용이 담겨져 있습니다. 프로그래밍을 처음 접하는 독자들을 위해 프로그래밍과 이를 응용하는 수학의 관계를 설명하는 내용으로 시작합니다. 순서도와 예시들을 통하여 알고리즘의 구상을 이해하고 응용을 배울 수 있습니다. 이후 자기 주도적 학습의 도움이 되는 예제를 풀 수 있는 사이트와 프로그래밍 진로를 계획할 수 있는 계기를 제공합니다.

**고등학생 문공명**

이 책은 수학과 프로그래밍의 연관성을 설명하고 수학적 문제를 알고리즘으로 만들 수 있게 되는 것을 목표로 한 책입니다. 책에서는 프로그래밍 언어 중 쉽고 범용성이 높은 언어인 Python과 기본적인 수학을 기초적으로 다루고, 거기에 더해 간결하고 정확한 설명과 예시 자료로 실습하기 좋게 구성되어 있습니다. 자주 사용하는 개념을 위주로 알려주기 때문에 프로그래밍을 처음 접하시거나 기초를 다지고 싶으신 분들에게는 강하게 추천합니다. 코딩과 수학의 결합에 관심 있으신 분들도 다양한 모듈과 라이브러리를 배울 수 있기에 이 책을 추천합니다.

**고등학생 이재환**

chapter

# 1

# 함께 배우는
# 수학과 코딩

컴퓨터 프로그래밍 언어 중에서 요즘 가장 많이 활용되는 언어가 파이썬입니다. 파이썬은 누구나 쉽게 배울 수 있으며 다양한 문제를 해결하는 데 적용할 수 있습니다. 이렇다 보니 파이썬이 인공지능 수학과 빅데이터 등 다양한 분야에서 활용되고 있습니다. 인공지능 수학이라고 들어보셨나요? 인공지능을 공부하기에 앞서 반드시 공부해야 하는 것이 수학입니다. 수학적 문제를 절차적으로 해결하는 과정이 알고리즘이고 이를 프로그래밍으로 구현합니다. 학습을 위해 우선 주피터 노트북을 설치하고 파이썬으로 기초적인 수학 예제를 따라 프로그래밍하다보면 프로그래밍과 수학의 관계를 이해하는 데 많은 도움이 될 것입니다.

# UNIT 01

# 코딩 교육과 수학

Problem Solving Python with Basic Math

## 파이썬을 공부해야 하는 이유

**01**

프로그램 작성에 사용되는 언어는 매우 다양합니다. 컴퓨터가 이해하기 쉬운 저급 언어부터 사람이 이해하기 쉬운 고급 언어까지 다양한 언어들이 존재합니다. 저급 언어에는 기계어, 어셈블리어가 있으며 이는 컴퓨터가 생겨난 초기에 사용했던 언어입니다. 이 언어로는 비전문가 뿐만 아니라 전문가들도 다루기 힘들어 점차 사람이 쉽게 이해하고 작성할 수 있는 C, C++, C#, 자바(Java), 그리고 파이썬(Python) 같은 고급 언어가 등장하게 됩니다.

이렇게 다양한 프로그래밍 언어 중 파이썬을 공부해야 하는 이유는 무엇일까요? 파이썬은 문법이 단순하고 일상 언어를 사용하고 있어 누구나 쉽게 배울 수 있기 때문입니다. 또한 문제해결 개발 속도가 빠르고 4차 산업 혁명의 중심인 데이터 분석, 머신 러닝, 딥러닝 등 인공지능 분야에서도 사용하고 있기 때문입니다.

### ■ 파이썬은 누구나 쉽게 배울 수 있습니다.

파이썬은 문법이 단순하여 비전공자들도 배우기 쉽습니다. 명령어가 간략하고 일상에서 사용하는 언어처럼 되어 있어서 프로그래밍 언어를 처음 접하는 사람도 프로그램을 이해할 수 있을 정도입니다. 'Hello'를 출력하기 위한 코드를 보면 C언어는 여러 줄로 표현되는 반면 파이썬은 한 줄로 쉽고 간단하게 작성할 수 있습니다.

| 파이썬 | C언어 |
|--------|-------|
| print("Hello") | ```c
#include <stdio.h>
void main()
{
    printf("Hello");
}
``` |

파이썬과 C언어 비교

### ■ 파이썬은 문제 해결 및 개발 속도가 빠릅니다.

아무것도 없는 상태에서 문제를 해결하기란 힘든 일입니다. 하지만 파이썬은 문제 해결을 위해 수많은 표준 라이브러리를 제공하고 있기 때문에 import라는 명령어 하나로 필요한 라이브러리를 불러와 손쉽게 프로그램을 작성할 수 있습니다. 파이썬은 인터프리터에 의해 소스 코드를 한 줄씩 읽어 들여 바로 실행되는 스크립트 언어입니다. 컴파일 과정이 필요하지 않아 실행 결과를 바로 확인하고 수정하면서 손쉽게 코드를 작성할 수 있습니다. 이런 파이썬의 특징은 더 빠르게 문제를 해결할 수 있어 다른 프로그래밍 언어보다 개발하는 속도를 높일 수 있습니다.

### ■ 파이썬은 다양한 분야에서 사용하고 있습니다.

파이썬은 단순히 프로그램 제작을 넘어, 웹 프로그래밍부터 데이터 분석, 머신 러닝, 딥러닝, 사물인터넷(IoT) 등 다양한 분야에서 활용되고 있습니다. 프로그래밍 언어의 선호도를 측정하는 티오베 지수(TIOBE Index)[*]에 따르면 파이썬은 검색량을 기준으로 프로그래밍 언어 중 가장 선호하는 언어로 1위(14.83%)를 차지하고 있습니다. 인공지능 발전과 데이터 분석의 중요성이 대두됨에 따라 파이썬의 인기는 꾸준히 증가하고 있습니다.

---

＊ 티오베 지수(TIOBE Index)

TIOBE 프로그래밍 커뮤니티 지수는 프로그래밍 언어의 인기도를 측정한 것입니다. 색인은 프로그래밍 언어 이름이 포함된 쿼리에 대한 검색 엔진(Google, MSN, Baidu, Wikipedia 및 YouTube) 결과 수로 계산됩니다. 인덱스는 매달 업데이트 됩니다.
```

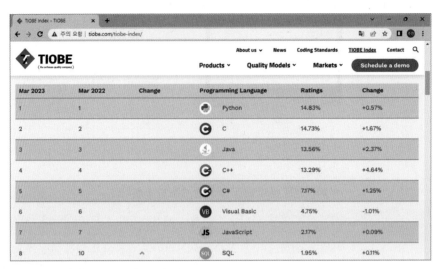

2023년 3월 기준 티오베 지수(TIOBE Index)
(출처: https://www.tiobe.com/tiobe-index/)

파이썬은 프로그래밍을 처음 접하는 사람도 쉽게 시작할 수 있고, 수많은 표준 라이브러리가 전문가들에 의해 개발되어 있기 때문에 간단한 코드로 손쉽고 빠르게 멋진 프로그램을 구현할 수 있습니다. 파이썬은 접근하기 쉬운 프로그래밍 언어로 학습을 위한 교육용으로만 사용되는 것이 아니라 다양한 전문적인 프로그램 개발에도 많이 활용되고 있습니다. 예를 들어, 데이터 분석과 모델링을 다루는 통계학부터 딥러닝과 인공지능을 활용한 의학 등 다양한 분야에서 파이썬이 사용됩니다. 또한 파이썬은 서로 다른 분야를 융합하는 데 사용되는 가장 영향력 있는 프로그래밍 언어 중 하나입니다.

## 인공지능에서 수학을 강조하는 이유

**02**

인공지능 하면 가장 먼저 무엇이 떠오르나요? 아마 대부분의 사람들은 이세돌과 알파고의 바둑 대결을 떠올릴 것입니다. 컴퓨터가 인간을 이긴 바둑 대결을 보고 기계가 인간을 지배하는 세상이 왔다며 크게 이슈가 되었습니다. 하지만, 인공지능을 개발하는 개발자라면 가장 먼저 수학이 떠오를 것이라 확신합니다.

### ■ 인공지능 옆에 수학이 따라다니는 이유가 있습니다.

인공지능에 관심을 가져본 사람이라면 인공지능을 공부하기 위해 서점에 가거나 유튜브로 인공지능을 검색해 본 적이 있을 것입니다. 인공지능을 이해하고 싶은데 내용이 깊어지면 깊어질수록 수학이 더 많이 나와 포기했을지도 모릅니다. 심지어 어떤 도서는 인공지능에 관한 이야기보다 어렵고 복잡한 수식만을 나열하고 그 수식을 열심히 설명하기도 합니다.

그런 이유는 인공지능은 컴퓨터가 인간처럼 생각하고 사고하는 능력을 구현해 낸 것이기 때문입니다. 인공지능은 인간의 지능을 인공적으로 구현하기 위해 인간이 분석하고 추론하고 분류하는 과정을 수학적인 매커니즘을 통해 구현한 것입니다. 이를 컴퓨터에서는 알고리즘이라 부릅니다. 수학적 매커니즘은 명제, 확률, 통계, 행렬, 지수, 로그, 함수, 미적분과 같은 수학을 기본으로 하고 있습니다. 수학적 이론을 활용해 인공지능이 더욱 정확하고 신뢰성 높은 의사결정을 내리고, 인간의 능력을 초월하는 작업을 수행할 수 있게 됩니다.

결국, 인공지능은 수학적 추론, 분석, 예측 과정을 알고리즘화해서 컴퓨터 프로그램으로 구현한 것입니다. 그러니 수학을 이해하지 못하고 인공지능을 제대로 이해하기는 매우 어렵습니다. 그래서 인공지능을 더욱 발전시키기 위해서는, 수학적 지식을 더욱 깊이 있게 이해하고 활용하는 데 주력할 필요가 있습니다.

### ■ 인공지능을 제대로 이해하려면 수학부터 공부해야 합니다.

인공지능을 설명하는 도서의 대부분은 머신 러닝과 딥러닝 또는 수학을 주제로 합니다. 머신 러닝은 기계를 학습시키는 알고리즘입니다. 분류, 분석, 예측과 같은 수학적 개념을 바탕으로 알고리즘을 설계하고 프로그램으로 구현한 것입니다. 그렇다 보니 명제, 통계, 확률과 같은 수학 개념을 활용합니다. 딥러닝은 신경망 매커니즘을 컴퓨터 알고리즘으로 구현한 것입니다. 현재로서는 인간의 신경망 매커니즘이 완전히 해석되지 않아 정확한 구현은 불가능합니다. 하지만, 인간이 경험을 통해 스스로 학습하는 과정을 컴퓨터가 모방하는 데 차츰 성공하고 있습니다. 지도학습, 비지도학습, 강화학습이라는 학습 알고리즘이 이에 해당합니다. 행렬, 함수, 지수, 로그,

미적분과 같은 수학이 활용됩니다. 결국, 수학을 제대로 이해하지 못한다면 인공지능을 제대로 이해할 수 없습니다.

## ■ 수학적 문제를 절차적으로 해결하는 과정을 프로그래밍이라 합니다.

어떠한 문제를 절차적으로 해결하는 과정을 프로그래밍이라 하며, 이를 줄여 코딩이라고 부릅니다. 수학을 잘하고 싶다면 절차적 해결 능력을 필요로 하는 프로그래밍을 배우는 것이 도움이 될 수 있습니다. 또한, 프로그래밍을 배우면 수학에 대한 흥미가 생길 수도 있습니다. 왜냐하면 이 둘이 매우 유사하기 때문입니다. 현장에서 프로그래밍을 가르치면서 중학교 때까지 수학을 좋아하지 않았던 학생들이 프로그래밍을 통해 수학에 흥미를 가지는 모습을 볼 수 있습니다. 또한 프로그래밍을 잘하기 위해서도 수학이 중요합니다. 특히, 아이들이 좋아하는 게임의 경우에는 수학을 더 많이 필요로 합니다. 게임을 잘하기 위해서도 수학이 필요하며, 흥미롭고 재미있는 게임을 만들기 위해서는 더욱이 수학적 사고를 해야합니다.

요즘에는 프로그래밍을 배우는 것이 중요하다고 여겨지고 있어 다행입니다. 그러나 단순히 프로그래밍만 공부하는 것은 부족합니다. 프로그래밍은 컴퓨터와 소통하는 방법을 배우는 것에 불과합니다. 우리가 단순히 언어를 배웠다고 해서 그 나라를 이해하고, 문화를 이해 할 수 있는 것은 아닙니다. 마찬가지로 프로그래밍도 다른 학문들과 함께 융합하여 학습해야만 절차적이고 논리적인 프로그램을 작성할 수 있습니다. 그중에서 단연 으뜸은 수학입니다. 프로그래밍을 하기 위해서는 알고리즘을 설계해야 하는데, 알고리즘을 설계할 수 있는 능력이 수학에서 나오기 때문입니다.

# UNIT 02 파이썬 설치

Problem Solving Python with Basic Math

주피터 노트북(Jupyter Notebook)은 웹브라우저에서 파이썬 코드를 작성하고 단계적으로 실행할 수 있는 개발 환경입니다. 이를 통해 코드를 쉽게 작성할 수 있으며 실행 결과를 확인하고 관리할 수 있습니다. 아나콘다(Anaconda)는 여러 가지 프로그램의 오픈 소스들을 포함하고 있는 개발 플랫폼입니다. 주피터 노트북만 설치하여 프로그램을 작성할 수 있지만 이런 경우 필요할 때마다 라이브러리를 받아서 사용해야 하는 번거로움이 발생합니다. 하지만 아나콘다를 설치하면 주피터 노트북뿐만 아니라 다양한 라이브러리가 함께 설치되어 유용한 라이브러리를 간편하게 불러와 사용할 수 있습니다. 따라서 아나콘다를 설치하여 주피터 노트북으로 프로그램을 작성하면 좀 더 편리하게 코딩할 수 있습니다.

## 주피터 노트북을 설치하기 전에 꼭 확인해야 할 사항

### ■ 컴퓨터 시스템 정보 확인 하기

내 시스템에 맞는 아나콘다를 설치하기 위해서는 자신의 컴퓨터가 어떤 운영체제를 사용하는지 몇 비트 시스템인지 확인이 필요합니다. '내 PC' 아이콘을 마우스 오른쪽 버튼으로 클릭하고 [속성]을 실행하여 시스템 정보를 확인합니다.

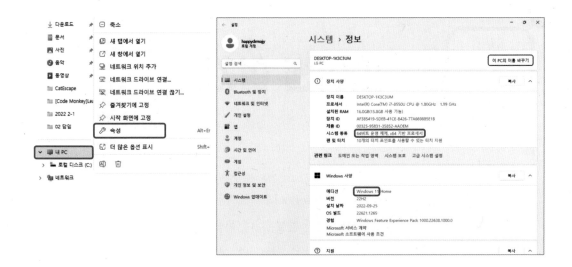

## ■ 사용자 폴더명이 영문인지 확인하기

아나콘다는 '사용자' 또는 'user'라고 되어 있는 기본 폴더에 설치되는데, 아나콘다는 한글을 인식하지 못하므로 폴더명이 영어로 되어 있어야 오류 없이 설치가 완료됩니다. 사용자 계정이 한글로 되어 있는 경우 영어로 새로운 계정을 추가하여 설치하는 것을 권합니다. 새로운 계정을 추가하는 방법(Windows 11)을 살펴봅시다.

❶ 제어판을 실행하여 [사용자 계정]을 클릭합니다.

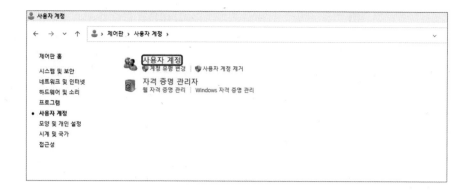

❷ 사용자 계정 변경 창이 나타나면 [다른 계정 관리]를 클릭합니다.

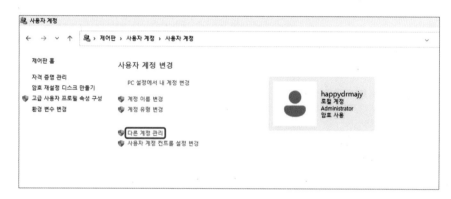

❸ 변경할 사용자 선택 창이 나타나면 [PC 설정에서 사용자 추가]를 클릭합니다.

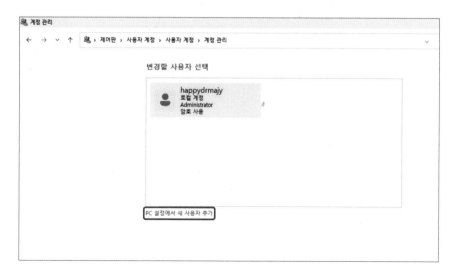

❹ 다른 사용자 추가에서 [계정 추가] 버튼을 클릭합니다.

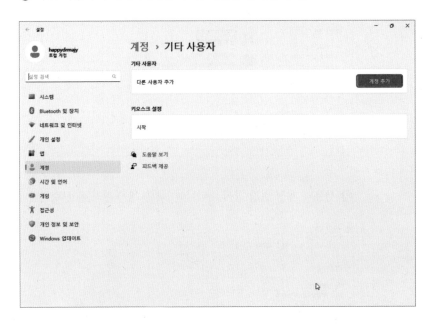

❺ 본인의 메일주소를 입력하고 [다음] 버튼을 클릭합니다.

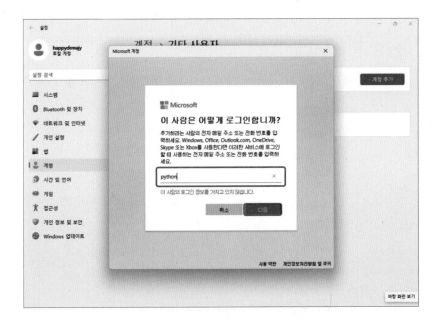

❻ [마침] 버튼을 클릭하면 계정이 추가됩니다.

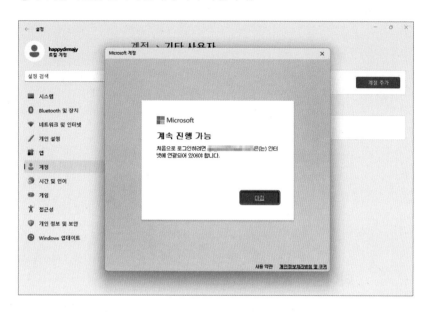

## ▪ 크롬을 기본 브라우저로 설정

아나콘다 프롬프트에서 주피터 노트북을 실행하면, 설정되어 있는 기본 브라우저로
오픈이 되는데 크롬 브라우저가 아나콘다를 사용하기에 가장 최적화된 웹브라우저
입니다. 그러므로 크롬을 설치하고 크롬 브라우저를 기본 브라우저로 미리 설정해
두는 것이 좋습니다.

❶ 크롬을 실행한 후 오른쪽 상단의 ⋮을 클릭하여 [설정] 메뉴를 선택합니다.

❷ 설정 메뉴 중 [기본 브라우저]를 클릭하면 기본 브라우저로 설정됩니다.

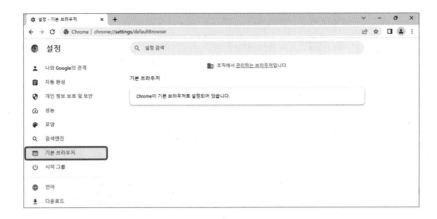

## 아나콘다 설치

❶ 아나콘다 사이트(https://www.anaconda.com)에 접속하여 하단의 각종 운영체제 아이콘을 클릭하여 운영체제에 맞는 아나콘다 설치파일을 내려받습니다.

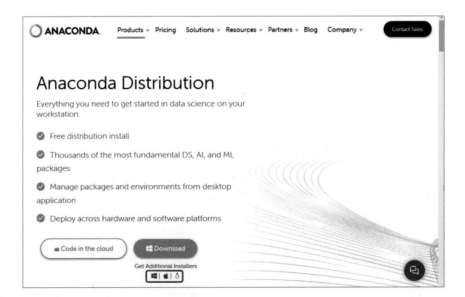

❷ 다운받은 파일을 실행하여 [Next] 버튼을 클릭합니다.

❸ 라이선스 동의 화면이 나오면 [I Agree] 버튼을 클릭합니다.

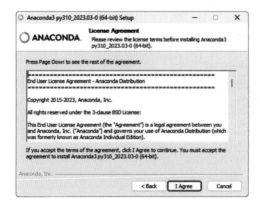

❹ 설치 형식을 선택 창이 나오면 나만 사용할 것이기 때문에 'Just Me'를 선택하고 [Next] 버튼 클릭합니다.

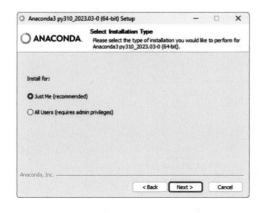

❺ 설치 위치 선택 창이 나오면 [Next] 버튼을 클릭합니다.

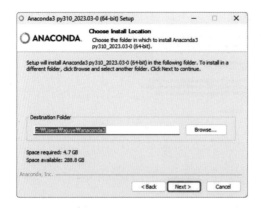

❻ 옵션을 선택하는 창이 나오면 아래와 같이 체크하고 [Install] 버튼을 클릭합니다.

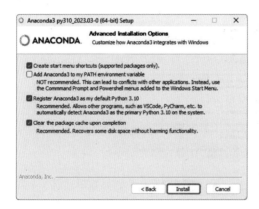

❼ 몇 분 정도 지난 후 설치가 완료되면 [Next] 버튼을 클릭합니다.

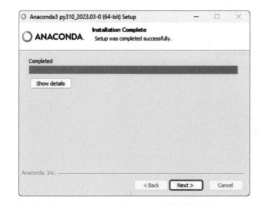

❽ 다음 내용을 읽어보시고 [Next] 버튼을 클릭합니다.

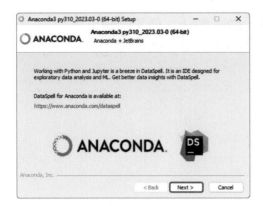

❾ 기본값으로 두고 [Finish] 버튼을 클릭하여 설치를 완료합니다.

# 파이썬 실행

Problem Solving Python with Basic Math

아나콘다 설치와 함께 주피터 노트북이 설치됩니다. 주피터 노트북을 실행하여 파이썬 코드를 작성하고 실행해 보겠습니다.

작업 표시줄에 윈도우 키(⊞)를 눌러서 [Anaconda3] 폴더 안의 [Jupyter Notebook]을 클릭하여 실행합니다.

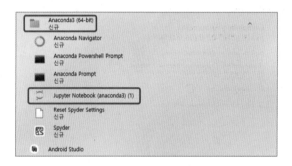

프롬프트 창이 나오고 몇 초 후 주피터 노트북 웹브라우저가 켜집니다. 주피터 노트북 웹브라우저가 켜졌다고 프롬프트 창을 종료하게 되면 주피터 노트북이 작동되지 않으니 그대로 두셔야 합니다.

소스 파일을 저장할 폴더를 만들기 위해 [New]-[Folder]를 클릭하면 [Untitled
Folder] 폴더가 생깁니다.

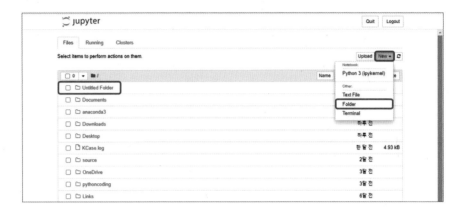

[Untitled Folder] 폴더 앞 체크박스를 체크하고 [Rename] 클릭하고 원하는 폴
더이름으로 변경합니다.

주피터 노트북 브라우저에서 파일을 저장할 폴더를 선택한 후, 오른쪽 [New]-
[Python3]을 클릭하여 새 파일을 생성합니다.

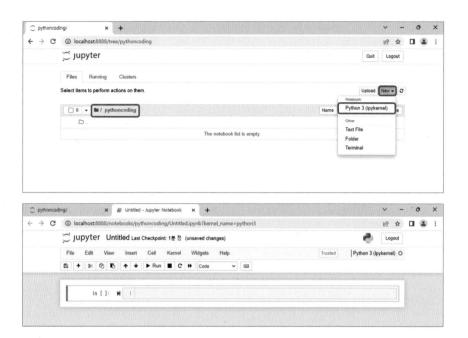

소스 파일의 이름을 변경하겠습니다. [Untitled]를 클릭한 후, 변경할 파일의 이름을 입력합니다. 주피터 노트북에서 저장된 파일의 확장자는 'ipynb' 입니다. 즉 파일의 이름을 'test'로 변경하면 최종 파일은 'test.ipynb'가 됩니다.

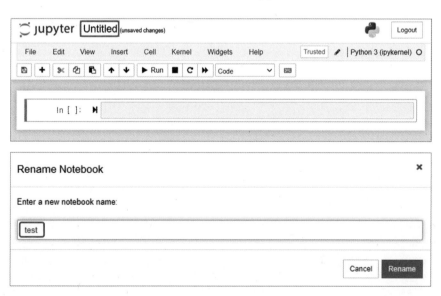

파이썬 프로그램을 작성하고, 상단의 실행 버튼(▶ Run)을 눌러 실행합니다.

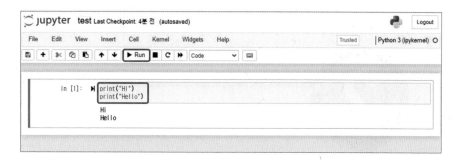

소스 파일에 줄 번호를 표시하겠습니다. 프로그램을 작성하고 실행하면서 오류가 발생하는 경우가 있습니다. 코드의 길이가 짧으면 바로 찾아 수정이 가능하지만, 긴 경우에는 찾기가 쉽지 않습니다. 그래서 줄 번호를 넣게 되면 쉽게 찾을 수 있습니다.

주피터 노트북 메뉴에서 [View]-[Toggle Line Numbers]를 클릭하면 코드 앞에 줄 번호가 나오는 것을 확인할 수 있습니다. 단축키를 이용할 경우 키보드 L을 눌러주고, 줄 번호를 없애고 싶으면 다시 L을 눌러주면 됩니다.

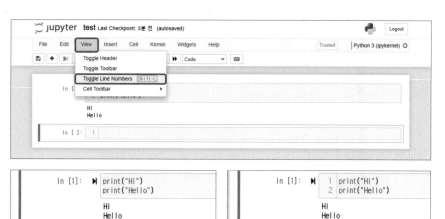

▲ 줄 번호 없는 상태　　　　　　　　　　▲ 줄 번호 있는 상태

chapter

# 2

# 수학과 코딩의 기본

코딩은 수학과 매우 밀접한 관련이 있습니다. 수학에서 연산이 가장 기본이 되는 것처럼 코딩에서도 연산이 기본이 됩니다. 코딩에서는 산술 연산, 논리 연산, 비교 연산, 시프트 연산 등을 사용하고 있어 이에 대한 이해와 활용이 우선 필요합니다. 또한 수학은 기본적으로 10진법을 사용하고 컴퓨터는 2진법을 사용하기 때문에 진법에 대한 이해도 필요합니다. 코딩에서 사용하는 연산과 2진법을 이해한 후, 문제를 해결하는 알고리즘을 공부하겠습니다. 그리고 알고리즘을 순서도로 표현해 보겠습니다. 자, 여러분 배울 준비 되셨나요?

수학에서는 10진수를 사용하고 컴퓨터에서는 2진수를 사용합니다. 10진수를 2진수로 변환하거나 2진수를 10진수로 변환할 수도 있습니다. 컴퓨터가 데이터를 표현하고 처리하는 모든 수는 2진수입니다.

| 구분 | 수학 | 컴퓨터 |
|---|---|---|
| 진수 | 10진수 | 2진수 |
| 사용하는 숫자의 개수 | 10개 | 2개 |
| 사용하는 숫자 | 0, 1, 2, 3, 4, 5, 6, 7, 8, 9 | 0, 1 |
| 표현 | 2945 | 0b1011 |
| 전개식 | 2945<br>$=2\times10^3+9\times10^2+4\times10^1+5\times10^0$ | $1011_{(2)}$<br>$=1\times2^3+0\times2^2+1\times2^1+1\times2^0$ |

우리가 일반적으로 사용하는 10진수는 0부터 9까지 10개의 숫자를 이용하여 수를 표현합니다. 1이 10개 모이면 10, 10이 10개 모이면 100, 100이 10개 모이면 1,000 등과 같이 자리가 하나씩 올라가면서 자리의 값이 증가합니다. 이와 마찬가지로 2진수는 0과 1, 두 개의 숫자를 이용하여 수를 표현합니다. 1이 2개 모이면 10, 10이 2개 모이면 100 등과 같이 자리가 하나씩 증가합니다.

| 10진수 | 0 | 1 | 2 | 3 | 4 | 5 | 6 | 7 | 8 | 9 | 10 | 11 | 12 | 13 | 14 | 15 |
|---|---|---|---|---|---|---|---|---|---|---|---|---|---|---|---|---|
| 2진수 | 0 | 1 | 10 | 11 | 100 | 101 | 110 | 111 | 1000 | 1001 | 1010 | 1011 | 1100 | 1101 | 1110 | 1111 |

진수를 표시하는 방법에 따라 자릿수의 크기가 달라집니다. 자릿수에 따른 크기를 가중치라고 합니다.

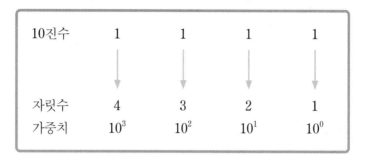

10진수에서 n번째 자릿수의 가중치는 $10^{n-1}$

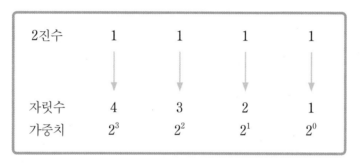

2진수에서 n번째 자릿수의 가중치는 $2^{n-1}$

## 10진수

**01**

10진수에서 사용하는 숫자는 0부터 9까지 총 10개입니다. 사람의 손가락이 10개여서 인류가 10진법을 가장 많이 쓰게 되었다고 합니다.

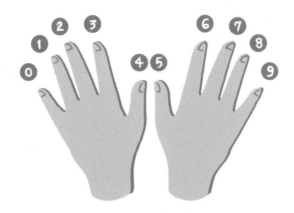

- 10진수 표현　 : 2945라고 표시된 숫자는 '이천구백사십오'라 읽습니다.

- 10진수 전개식 : 각 자릿수의 가중치를 10의 거듭제곱을 써서 전개합니다.

| 10진수 | 2 | 9 | 4 | 5 |
|---|---|---|---|---|
| 가중치 | $10^3$ | $10^2$ | $10^1$ | $10^0$ |

$$2945 = 2 \times 10^3 + 9 \times 10^2 + 4 \times 10^1 + 5 \times 10^0$$

- 10진수 덧셈　 :

9 (한 자리) + 1 → [자리 올림] 발생 → 10 (두 자리)

99 (두 자리) + 1 → [자리 올림] 발생 → 100 (세 자리)

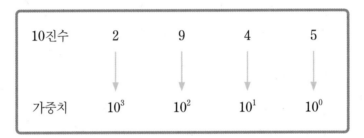

> **※ 10진수 자리 올림**
>
> 1의 자리에는 0부터 9까지 숫자 중 한 개의 숫자가 올 수 있습니다. 9에 1을 더하게 되면 9
> 보다 더 큰 숫자가 없으므로 [자리 올림]이 발생하여 '10'이 됩니다. 이때 '10'은 십이라는 숫
> 자 한 개가 아니라 십의 자리 1, 일의 자리 0인 두 개의 숫자로 이루어진 두 자리의 수가 됩
> 니다.

## 2진수

**02**

2진수에서 사용하는 숫자는 0과 1로 2개입니다. 컴퓨터는 왜 2진수를 사용할까요?
그건 컴퓨터가 전기로 동작하기 때문입니다. 전기는 OFF(0)와 ON(1)의 두 가지
경우로 구분할 수 있어서 2진수를 사용하는 것입니다.

0 : OFF ⊸  ⊸

1 : ON ⊸ ⊸

- 2진수 표현 : 수학에서는 오른쪽 밑에 (2)를 붙여 $1011_{(2)}$로 표현하고, '2진수
  일영일일'이라고 읽습니다.

- 2진수 전개식 : 각 자릿수의 가중치 값 2의 거듭제곱을 써서 나타낸 식입니다.

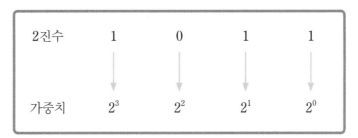

| 2진수 | 1 | 0 | 1 | 1 |
|---|---|---|---|---|
| 가중치 | $2^3$ | $2^2$ | $2^1$ | $2^0$ |

$$1011_{(2)} = 1 \times 2^3 + 0 \times 2^2 + 1 \times 2^1 + 1 \times 2^0$$

- 2진수 덧셈 :

  1 (한 자리) + 1 → [자리 올림] 발생 → 10 (두 자리)

  11 (두 자리) + 1 → [자리 올림] 발생 → 100 (세 자리)

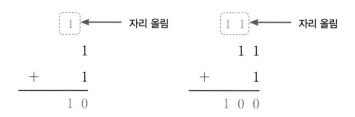

---

### ※ 2진수 자리 올림

2진수는 가장 큰 숫자가 1이기 때문에 1에서 값이 1이 증가하게 되면, 다음 자릿수로 올라가게 됩니다. 즉, 1+1을 했을 경우 [자리 올림]이 발생하여 '10'이 됩니다. 이때 '10'은 2의 자리 1, 일의 자리 0인 두 개의 숫자로 이루어진 두 자리의 수가 됩니다.


## 10진수를 2진수로 변환

■ **10진수를 2로 나누어 몫과 나머지로 구하는 방법**

10진수를 2진수로 변환하려면 주어진 수를 2로 나누어 몫이 2보다 작아질 때까지 반복한 후, 마지막 몫과 나머지를 역순으로 표기합니다.

10진수 11을 2진수로 변환해 보겠습니다.

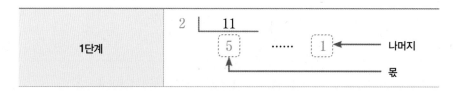

| 1단계 | |
|---|---|

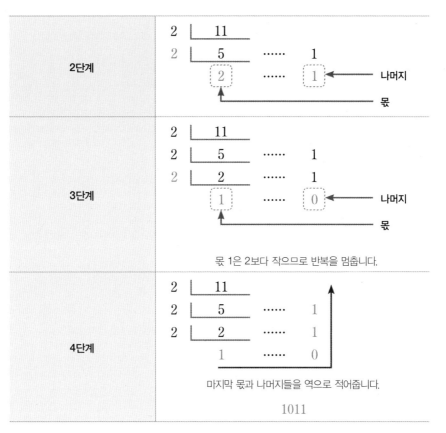

10진수 110이 2진수로 변환되었습니다.

$$11 = 1011_{(2)}$$

## ■ 각 자릿수의 가중치를 이용하여 변환하는 방법

모든 수의 각 자리에는 가중치가 있습니다. 가중치를 이용하여 10진수 13을 2진수로 변환해 보겠습니다.

| 1단계 | 10진수 두 자리의 수 13을 2진수로 변환하면 몇 자리가 될까요? $2^n \geq 13$에서 만족하는 $n$의 최솟값을 구하면 됩니다. $n$은 4입니다. 즉, 10진수 13은 2진수 네 자리로 표현됩니다. 2진수의 각 자리에 가중치 $2^3$, $2^2$, $2^1$, $2^0$을 계산하여 8, 4, 2, 1로 적습니다. |
|---|---|

| 가중치 : | 8 | 4 | 2 | 1 |
|---|---|---|---|---|
| 2 진수 : | | | | |

| 2단계 | 13은 8이상 입니다. 가중치 8의 자리에 '1'을 채웁니다. |
|---|---|

| 가중치 : | 8 | 4 | 2 | 1 |
|---|---|---|---|---|
| 2 진수 : | 1 | | | |

| 3단계 | 13에서 8을 뺍니다. 13−8=5입니다. 5는 4이상 입니다. 가중치 4의 자리에 '1'을 채웁니다. |
|---|---|

| 가중치 : | 8 | 4 | 2 | 1 |
|---|---|---|---|---|
| 2 진수 : | 1 | 1 | | |

| 4단계 | 5−4=1입니다. 1은 2보다 작습니다. 가중치 2의 자리에 '0'을 채웁니다. |
|---|---|

| 가중치 : | 8 | 4 | 2 | 1 |
|---|---|---|---|---|
| 2 진수 : | 1 | 1 | 0 | |

| 5단계 | 1은 가중치 1의 자리에 '1'을 채웁니다. |
|---|---|

| 가중치 : | 8 | 4 | 2 | 1 |
|---|---|---|---|---|
| 2 진수 : | 1 | 1 | 0 | 1 |

**6단계**

10진수 13은 2진수 1101이 됩니다.

$$13 = 1101_{(2)}$$

가중치를 이용하여 10진수를 2진수로 변환할 때, 2진수 자리의 가장 왼쪽부터 '0' 또는 '1'을 채웁니다. '1'로 채운 경우 해당 가중치만큼 차감하면서 가중치 1의 자리까지 반복하면 됩니다.

10진수 27을 2진수로 변환해 보겠습니다.

① $2^n \geq 27$을 만족하는 n의 최솟값은 5이므로 10진수 27은 2진수 다섯 자리로 표현됩니다.

| 가중치 : | 16 | 8 | 4 | 2 | 1 |
|---|---|---|---|---|---|
| 2 진수 : | | | | | |

② 27은 16이상이므로 가중치 16의 자리에 '1'을 채웁니다.

③ 27−16=11입니다. 11은 8이상이므로 가중치 8의 자리에 '1'을 채웁니다.

④ 11-8=3입니다. 3은 4보다 작으므로 가중치 4의 자리에 '0'을 채웁니다.

⑤ 3은 2이상이므로 가중치 2의 자리에 '1'을 채웁니다.

⑥ 3-2=1입니다. 1은 가중치 1의 자리에 '1'을 채웁니다.

⑦ 10진수 27은 2진수 11011이 됩니다.

따라서, 10진수 27은 2진수 다섯 자리로 표현되며 가중치 16, 8, 2, 1인 자리에 '1'을, 4인 곳에 '0'을 가집니다.

| 가중치 : | 16 | 8 | 4 | 2 | 1 |
|---|---|---|---|---|---|
| 2 진수 : | 1 | 1 | 0 | 1 | 1 |

$$27 = 11011_{(2)}$$

## 2진수를 10진수로 변환

**04**

### ■ 2진수의 전개식을 이용한 방법

2진수로 표현된 수를 10진수로 변환하려면, 2진수의 값에 각 자리의 수가 가지고 있는 값의 크기를 곱하여 더하면 됩니다. 2진수 1011을 10진수로 변환해 보겠습니다.

$$
\begin{aligned}
1011_{(2)} &= 1 \times 2^3 + 0 \times 2^2 + 1 \times 2^1 + 1 \times 2^0 \\
&= 1 \times 8 + 0 \times 4 + 1 \times 2 + 1 \times 1 \\
&= 8 + 0 + 2 + 1 \\
&= 11 \\
1011_{(2)} &= 11
\end{aligned}
$$

위와 같이 2진수 1011을 10진수로 변환하면 11이 됩니다.

### ■ 2진수의 가중치를 이용한 방법

가중치를 이용하여 2진수 1011을 10진수로 변환해 보겠습니다.

2진수 1011을 각 자리의 가중치와 함께 표현합니다.

| 가중치 : | 8 | 4 | 2 | 1 |
|---|---|---|---|---|
| 2진수 : | 1 | 0 | 1 | 1 |

각 자리의 값이 1에 해당하는 가중치를 모두 더합니다.

$$8 + 2 + 1 = 11$$

$$1011_{(2)} = 11$$

전개식을 이용한 결과와 동일하게 2진수 1011을 10진수로 변환하면 11이 되는 것을 알 수 있습니다.

코드 2-1

```
1   print("10진수 13은 2진수", bin(13), "입니다.")    # 13을 2진수로 변환
2   print("2진수 1101은 10진수", 0b1101, "입니다." )  # 2진수 1101을 10진수로 변환
```

실행 결과 ⋯

```
10진수 13은 2진수 0b1101 입니다.
2진수 1101은 10진수 13 입니다.
```

코드 해설 ⋯

1행 : bin( )함수에 의해 10진수 13이 2진수로 변환되고, 변환된 2진수가 print( )함수에서 출력됩니다.

2행 : 파이썬에서 2진수를 나타낼 때 숫자 앞에 '0b'를 붙여줍니다. 0b1101은 print( )함수에서 자동으로 10진수로 변환되어 출력됩니다.

| bin(n) | 10진수 n의 2진수 값을 반환해줍니다. 이때 반환된 2진수는 문자열입니다. |
|---|---|

※ 문자열이 뭘까요?
문자열은 문자들의 나열을 의미하며 코드에서는 "a", "Tree", 'I like music.' 등과 같이 큰따옴표(" ")나 작은따옴표(' ')를 사용합니다.

우리는 수학 시간에 10진수를 사용하고 컴퓨터는 2진수를 사용한다는 것을 알게 되었습니다. 10진수와 2진수의 관계를 이해하고 서로 원하는 형태로 변환할 수 있다는 것도 배웠습니다. 이제 컴퓨터에서 이루어지는 연산의 종류와 그 의미를 수학과 비교하여 알아보겠습니다.

# UNIT 02 연산하기

Problem Solving Python with Basic Math

수학에서 처음 배우는 것은 숫자와 수의 크기입니다. 그 후 덧셈, 뺄셈, 곱셈, 나눗셈의 사칙연산을 배웁니다. 수학의 가장 기초는 연산인 것처럼 컴퓨터에서도 연산은 중요한 기본 기능입니다. 컴퓨터에서의 연산으로는 산술 연산, 논리 연산, 비교 연산 그리고 시프트 연산이 있습니다.

## 산술 연산

산술연산은 덧셈, 뺄셈, 곱셈, 나눗셈 등의 계산을 말합니다.

| 산술<br>연산 | 수학 | | 파이썬 | |
|---|---|---|---|---|
| | 연산자 | 예시 | 연산자 | 예시 |
| 덧셈 | + | 5+3 | + | 5+3 |
| 뺄셈 | − | 5−3 | − | 5−3 |
| 곱셈 | × | 5×3 | * | 5*3 |
| 나눗셈 | ÷ | 5÷3 | / | 5/3 |
| 제곱 | $m^n$ | $5^3$ | ** | 5**3 |
| 몫 | 없음 | 5÷3의 몫은? | // | 5//3 |
| 나머지 | 없음 | 5÷3의 나머지는? | % | 5%3 |

CHAPTER 2 02 연산하기

산술 연산을 하는 프로그램을 작성해 보겠습니다.

```
1    a = 5
2    b = 2
3
4    print("덧 셈 : ", a, "+", b, "=", a+b)
5    print("뺄 셈 : ", a, "-", b, "=", a-b)
6    print("곱 셈 : ", a, "*", b, "=", a*b)
7    print("나눗셈 : ", a, "/", b, "=", a/b)
8    print("제 곱 : ", a, "**", b, "=", a**b)
9    print("  몫  : ", a, "//", b, "=", a//b)
10   print("나머지 : ", a, "%", b, "=", a%b)
```

**실행 결과 ···**

```
덧 셈 : 5 + 2 = 7
뺄 셈 : 5 - 2 = 3
곱 셈 : 5 * 2 = 10
나눗셈 : 5 / 2 = 2.5
제 곱 : 5 ** 2 = 25
  몫  : 5 // 2 = 2
나머지 : 5 % 2 = 1
```

**코드 해설 ···**

1~2행 : 변수 a에 숫자 5를, b에 2를 저장합니다. 수학에서 '='는 '같다'는 의미이
지만, 파이썬에서는 '대입한다'는 의미입니다. 즉, 명령어 'a = 5'는 '변수 a
에 값 5를 대입한다.'는 의미입니다.

---

### 변수 = 값
오른쪽에 있는 값을 왼쪽에 있는 변수에 대입합니다.

---

4~10행 : 산술 연산의 결괏값을 출력합니다.

048

## 논리 연산

**02**

명제란 참(True)과 거짓(False)을 판단할 수 있는 식이나 문장을 말합니다.

> **2는 1보다 크다.** → 참인 명제
>
> **나무는 동물이다.** → 거짓인 명제
>
> **수학은 코딩보다 어렵다** → 명제가 아님

컴퓨터에서 1은 참(True)이고 0은 거짓(False) 입니다. 논리는 명제를 판단하는 것이고, 연산 결과가 참 또는 거짓인 것이 논리 연산입니다.

논리 연산자에는 논리곱(and), 논리합(or), 논리부정(not)이 있습니다.

| 논리 연산 | 수학 | 파이썬 | 의미 |
|---|---|---|---|
| 논리곱 | $\wedge$ | and | 주어진 모든 명제가 참인지 판단 |
| 논리합 | $\vee$ | or | 주어진 명제 중 하나 이상의 명제가 참인지 판단 |
| 논리부정 | $\sim$ | not | 주어진 명제의 참과 거짓이 바뀜 |

### ■ 논리곱(and)

A와 B가 모두 참인 경우에만 결과가 참이고 그 외는 모두 거짓입니다.

| A | B | A and B |
|---|---|---|
| F | F | F |
| F | T | F |
| T | F | F |
| T | T | T |

※ 'F'는 거짓(False)을 의미하고 'T'는 참(True)을 의미합니다.

## ▪ 논리합(or)

A와 B 중 하나라도 참이면 결과가 참이고 모두 거짓인 경우에만 거짓입니다.

| A | B | A or B |
|---|---|---|
| F | F | F |
| F | T | T |
| T | F | T |
| T | T | T |

## ▪ 논리부정(not)

A가 참이면 결과는 거짓이고, A가 거짓이면 결과는 참입니다.

| A | not A |
|---|---|
| T | F |
| F | T |

논리 연산을 하는 프로그램을 작성해 보겠습니다.

코드 2-2-2

```
1   A = True
2   B = False
3
4   print("A =", A)
5   print("B =", B)
6   print("A and B =", A and B)
7   print("A or B =", A or B)
8   print("not A =", not A)
```

실행 결과 ⋯▶

```
A = True
B = False
A and B = False
A or B = True
not A = False
```

1~2행 : 변수 A에 논리값 'True'를, B에 논리값 'False'를 저장합니다.

4~5행 : 변수에 저장된 값을 출력합니다.

6~8행 : 논리 연산의 결괏값을 출력합니다.

## 비교 연산

**03**

두 값의 크기를 비교하는 연산입니다. 결괏값을 참과 거짓으로 판별합니다.

| 관계 연산 | 수학 | | 파이썬 | |
|---|---|---|---|---|
| | 기호 | 수식 | 연산자 | 명령문 |
| 같다 | = | a = b | == | a == b |
| 같지 않다 | ≠ | a ≠ b | != | a != b |
| 크다 | 〉 | a 〉b | 〉 | a 〉b |
| 작다 | 〈 | a 〈b | 〈 | a 〈b |
| 크거나 같다 | ≥ | a ≥ b | 〉= | a 〉= b |
| 작거나 같다 | ≤ | a ≤ b | 〈= | a 〈= b |

비교 연산 프로그램을 작성해 보겠습니다.

코드 2-2-3

```
1   print("3 == 4 ->", 3 == 4)
2   print("3 > 4 ->", 3 > 4)
3   print("3 <= 4 ->", 3 <= 4)
4   print("3 != 4 ->", 3 != 4)
5   print("3 < 4 ->", 3 < 4)
6   print("3 >= 4 ->", 3 >= 4)
```

실행 결과 ···

```
3 == 4 -> False
3 > 4 -> False
3 <= 4 -> True
3 != 4 -> True
3 < 4 -> True
3 >= 4 -> False
```

## 시프트 연산

04

시프트(shift)의 사전적 의미는 '옮기다, 이동하다' 입니다. 시프트 연산은 시프트의 의미처럼 주어진 2진수를 왼쪽 또는 오른쪽으로 이동하는 연산입니다. 왼쪽으로 1만큼 이동하면 두 배로 늘어나는 곱셈 연산이 되고 오른쪽으로 1만큼 이동하면 반으로 줄어드는 나눗셈 연산이 됩니다.

| 시프트 연산 | 연산자 | 명령어 | 의미 |
|---|---|---|---|
| 왼쪽 시프트 | << | a << n | 정수 a를 왼쪽으로 n만큼 이동<br>1만큼 이동할 때마다 값이 두 배로 증가 |
| 오른쪽 시프트 | >> | a >> n | 정수 a를 오른쪽으로 n만큼 이동<br>1만큼 이동할 때마다 값이 반으로 감소 |

위의 명령어 a >> n 또는 a << n에서 a는 정수이고, n은 자연수입니다. 연산 결과도 정수가 됩니다.

### ■ 왼쪽 시프트 연산

왼쪽으로 시프트 하면 이동된 만큼 오른쪽에 0이 추가됩니다.

| 전 | 시프트 | 후 |
|---|---|---|
| 0 0 0 0 0 0 0 1 | << 1 | 0 0 0 0 0 0 1 0 |
| 0 0 0 0 0 0 1 1 | << 2 | 0 0 0 0 1 1 0 0 |

## 4 ≪ 1의 결과를 구해보겠습니다.

| | |
|---|---|
| 1단계 | 10진수 4를 2진수로 변환하면 2진수 100이 됩니다.<br><br>가중치 : $2^7$ $2^6$ $2^5$ $2^4$ $2^3$ $2^2$ $2^1$ $2^0$<br>2 진수 : \| 0 \| 0 \| 0 \| 0 \| 0 \| 1 \| 0 \| 0 \|<br><br>$4 = 100_{(2)}$ |
| 2단계 | 2진수 100을 왼쪽으로 1만큼 왼쪽 시프트 합니다. 왼쪽으로 한 칸씩 이동하고 오른쪽 끝에는 0이 추가됩니다.<br><br>\| 0 \| 0 \| 0 \| 0 \| 0 \| 1 \| 0 \| 0 \|<br><br>↓<br><br>≪ 1<br><br>↓<br><br>\| 0 \| 0 \| 0 \| 0 \| 1 \| 0 \| 0 \| 0 \|<br><br>2진수 100을 왼쪽으로 1만큼 시프트 하면 10000이 됩니다. |
| 3단계 | 2진수 1000을 10진수로 변환하면 8입니다.<br><br>가중치 : $2^7$ $2^6$ $2^5$ $2^4$ $2^3$ $2^2$ $2^1$ $2^0$<br>2 진수 : \| 0 \| 0 \| 0 \| 0 \| 1 \| 0 \| 0 \| 0 \|<br><br>$1000_{(2)} = 8$ |

4를 왼쪽으로 1만큼 이동하면 두 배로 늘어난 8이 됩니다. 이것은 $4 \times 2$와 같습니다.

| 연산식 | 연산 전 | 연산 후 |
|---|---|---|
| 4 ≪ 1 | $4 = 100_{(2)}$<br>\| 0 \| 0 \| 0 \| 0 \| 0 \| 1 \| 0 \| 0 \| | $1000_{(2)} = 8$<br>\| 0 \| 0 \| 0 \| 0 \| 1 \| 0 \| 0 \| 0 \| |

$$4 \ll 1 \implies 8$$

4를 왼쪽으로 2만큼 시프트 연산을 하면 16이 되며, 이것은 $4 \times 2 \times 2$와 같습니다.

| 연산식 | 연산 전 | 연산 후 |
|---|---|---|
| $4 << 2$ | $4 = 100_{(2)}$ <br> 0 0 0 0 0 1 0 0 | $10000_{(2)} = 16$ <br> 0 0 0 1 0 0 0 0 |

$$4 << 2 \implies 16$$

### ■ 오른쪽 시프트 연산

오른쪽으로 시프트 하면 이동 공간이 없는 오른쪽에 있는 비트값은 버려집니다. 즉, 계속 비트를 오른쪽으로 이동시키면 최종 결과는 0이 됩니다.

| 전 | 시프트 | 후 |
|---|---|---|
| 0 0 0 0 0 1 0 0 | $>> 1$ | 0 0 0 0 0 0 1 0 |
| 0 0 0 0 0 0 1 0 | $>> 2$ | 0 0 0 0 0 0 0 0 |

$12 >> 1$을 연산해 보겠습니다.

| 1단계 | 10진수 12를 2진수로 변환하면 $1100_{(2)}$입니다. |
|---|---|
| | 가중치 : $2^7$ $2^6$ $2^5$ $2^4$ $2^3$ $2^2$ $2^1$ $2^0$ <br> 2 진수 : 0 0 0 0 1 1 0 0 <br><br> $12 = 1100_{(2)}$ |

| | |
|---|---|
| **2단계** | 2진수 1100을 오른쪽으로 1만큼 시프트 합니다. 오른쪽으로 한 칸씩 이동하고 오른쪽 끝의 0은 버려집니다.<br><br>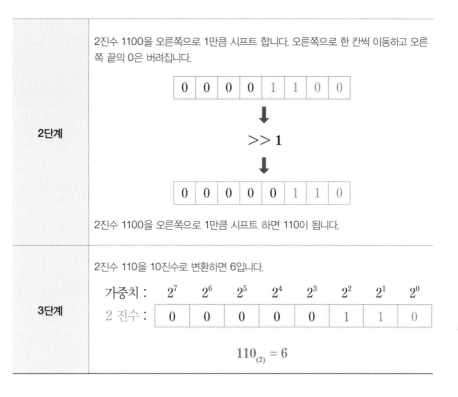<br><br>2진수 1100을 오른쪽으로 1만큼 시프트 하면 1100이 됩니다. |
| **3단계** | 2진수 110을 10진수로 변환하면 6입니다.<br><br>가중치 : $2^7$ $2^6$ $2^5$ $2^4$ $2^3$ $2^2$ $2^1$ $2^0$<br>2 진수 : 0 0 0 0 0 1 1 0<br><br>$$110_{(2)} = 6$$ |

12를 오른쪽으로 1만큼 시프트 하면 반으로 줄어든 6이 됩니다. 이것은 12 ÷ 2와 같습니다.

| 연산식 | 연산 전 | 연산 후 |
|---|---|---|
| $12 >> 1$ | $12 = 1100_{(2)}$<br>0 0 0 0 1 1 0 0 | $110_{(2)} = 6$<br>0 0 0 0 0 1 1 0 |

$$12 >> 1 \;\rightarrow\; 6$$

12를 오른쪽으로 2만큼 시프트 연산을 하면 3이 되며, 이것은 12 ÷ 2 ÷ 2와 같습니다.

| 연산식 | 연산 전 | 연산 후 |
|---|---|---|
| 12 >> 2 | $12 = 1100_{(2)}$  <br> 0 0 0 0 1 1 0 0 | $11_{(2)} = 3$  <br> 0 0 0 0 0 0 1 1 |

$$12 \; >> \; 2 \quad \longrightarrow \quad 3$$

2진수 마지막이 1로 끝나는 5의 경우를 살펴보겠습니다.

| 연산식 | 연산 전 | 연산 후 |
|---|---|---|
| 5 >> 1 | $5 = 101_{(2)}$  <br> 0 0 0 0 0 1 0 1 | $10_{(2)} = 2$  <br> 0 0 0 0 0 0 1 0 |

10진수가 홀수의 경우 5 ÷ 2 = 2.5이지만, 시프트 연산 결과는 2가 나왔습니다. 2진수 $101_{(2)}$을 오른쪽으로 시프트하면 오른쪽 끝에 있는 1이 버려져 $10_{(2)}$이 되기 때문입니다. 즉, 오른쪽 시프트하게 되면 2로 나눈 몫이 됩니다.

시프트 연산을 프로그램으로 작성해 보겠습니다

코드 2-2-4

```
1   print(4 << 1)
2   print(4 << 2)
3   print(12 >> 1)
4   print(12 >> 2)
5   print(5 >> 1)
```

실행 결과 ⋯▸

```
8
16
6
3
2
```

코드 해설 ⋯▸ 1행 : 4를 왼쪽으로 1만큼 시프트 하여 4에 2를 곱한 값인 8이 출력됩니다.

2행 : 4를 왼쪽으로 2만큼 시프트 하여 4에 2를 두 번 곱한 값인 16이 출력됩니다.

3행 : 12를 오른쪽으로 1만큼 시프트 하여 12를 2로 나눈 값인 6이 출력됩니다.

4행 : 12를 오른쪽으로 2만큼 시프트 하여 12를 2로 두 번 나눈 값인 3이 출력됩니다.

5행 : 5를 오른쪽으로 1만큼 시프트 하여 5를 2로 나눈 몫인 2가 출력됩니다.

수학에서는 사칙연산을 가장 먼저 학습합니다. 마찬가지로 컴퓨터 프로그래밍을 하기 위해서도 연산하는 방법을 먼저 배워야 합니다. 그 중 산술 연산, 논리 연산, 비교 연산, 시프트 연산을 배웠습니다. 이처럼 프로그래밍하면서 눈으로 직접 확인하면 더 쉽게 개념을 이해할 수 있습니다.

# 알고리즘

Problem Solving Python with Basic Math

알고리즘이란 어떤 문제를 해결하기 위한 구체적인 방법과 절차를 말합니다. 샌드위치를 만드는 과정을 예로 들어보겠습니다. 샌드위치를 먹어본 사람에게 식빵, 햄, 치즈와 잼을 주고 "식빵 사이에 햄, 치즈, 잼을 넣어 샌드위치를 만드세요."라고 하면 쉽게 샌드위치를 만들 수 있습니다. 하지만 컴퓨터가 샌드위치를 만들기 위해서는 필요한 절차를 한 단계씩 구체적으로 알려주어야만 합니다.

① 식빵 한 개를 접시 위에 올려놓습니다.

② 잼을 두 스푼 떠서 식빵 위에 골고루 바릅니다.

③ 바른 잼 위에 햄을 올립니다.

④ 햄 위에 치즈를 올립니다.

⑤ 식빵 한 개를 치즈 위에 올립니다.

위와 같이 문제를 해결하기 위한 구체적인 방법을 순서대로 나타낸 것을 알고리즘이라고 합니다. 알고리즘의 표현 방법에는 자연어, 순서도, 프로그래밍 언어, 의사 코드 등이 있습니다.

이 책에서는 순서도를 사용하여 알고리즘을 표현하겠습니다.

순서도란 어떤 일을 해결하는 과정을 정해진 도형 기호로 작성하며, 프로그램의 진행 흐름을 순서에 따라 나타낸 흐름도입니다. 프로그램을 작성하기 전에 순서도를 작성하면 전체적인 논리적 흐름을 이해하기 쉽고, 데이터의 처리 과정을 파악하는 데 도움이 됩니다.

순서도 기호

| 도형 | 명칭 | 설명 |
|---|---|---|
| ⬭ | 단말 | 순서도의 시작과 끝 |
| ⬡ | 준비 | 변수의 선언 및 초깃값 설정 |
| ▱ | 입출력 | 데이터의 값을 입력하거나 결괏값을 출력 |
| ▭ | 처리 | 처리해야 할 작업 |
| ◇ | 조건 | 비교 및 판단 |
| ⬠ | 인쇄 | 프린터를 이용한 출력 |
| → | 흐름선 | 순서도 기호를 서로 연결하여 작업의 흐름을 표시 |

순서도 기호를 가지고 프로그래밍 흐름을 처리하기 위한 구조에는 순차구조, 선택구조, 반복구조가 있습니다.

순서도 구조

| 순차구조 | 선택구조 | 반복구조 |
|---|---|---|

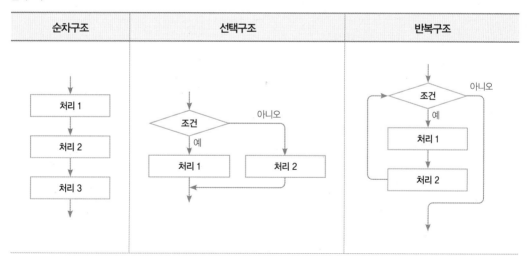

아침에 일어나서 학교에 가기까지의 과정을 순서도로 표현해 보겠습니다.

순서도 예

| 순차구조 | 선택구조 | 반복구조 |
|---|---|---|
| 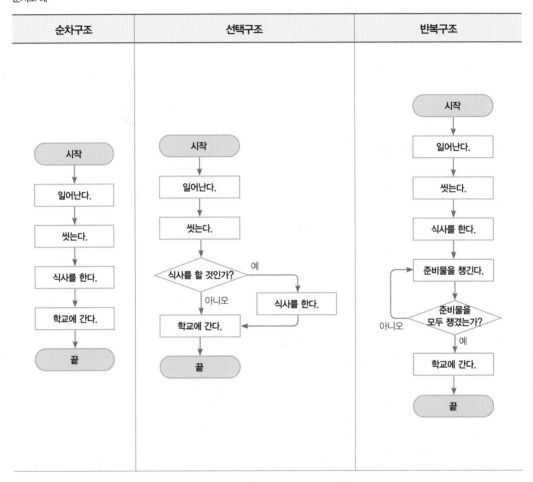 | | |

순서도는 하나의 구조만을 사용하는 것이 아니라 프로그램의 절차에 따라 순차, 선택, 반복구조를 혼합하여 사용할 수 있습니다. 하지만, 여러 가지 구조를 함께 사용하여 복잡하게 표현하기보다는 단순하고 명확하게 표현하는 것이 중요합니다.

점수를 입력받아 80점 이상이면 "합격"을 출력하고, 80점 미만이면 "불합격"을 출력하는 순서도를 작성해 보겠습니다.

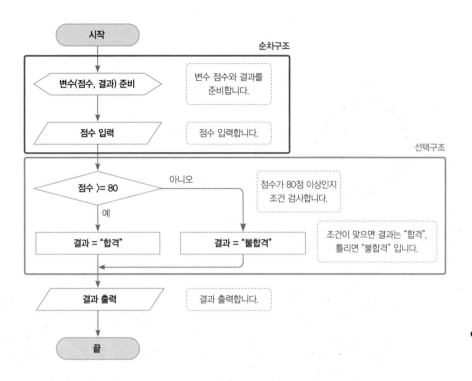

코딩을 위해서는 알고리즘을 이해하고 작성하는 능력이 꼭 필요합니다. 생활 속에서 다양한 문제들을 떠올려 보세요. 그리고 그 문제를 해결하는 알고리즘을 순서도로 작성해 보세요. 순서도를 파이썬 프로그래밍 언어로 표현하면 됩니다.

수학과 프로그램의 차이점을 확실하게 아셨나요? 이 단원에서는 컴퓨터에서 사용하는 2진법과 산술 연산, 논리 연산, 비교 연산, 그리고 시프트 연산의 활용방법을 배웠습니다. 그리고 알고리즘의 개념을 이해하고 문제를 해결하는 알고리즘을 순서도로 작성해 보았습니다. 이제 다음 장에서 코딩을 위한 프로그래밍 언어 중 파이썬을 공부해보겠습니다.

# 파이썬의 기초

앞장에서 수학과 코딩의 기본인 연산과 알고리즘에 대해 알아보았습니다. 이제 이를 바탕으로 파이썬으로 프로그램을 작성해 보겠습니다. 그런데 파이썬의 문법을 알지 못한 채 프로그램을 작성할 수 있을까요? 우리가 영어로 대화하기 위해 영어 문법을 공부하는 것처럼 파이썬으로 프로그램을 작성하기 위해서는 파이썬 문법을 알아야 합니다. 그럼 지금부터 파이썬의 기본적인 문법에 대해서 알아보겠습니다.

# UNIT 01 기본 문법

Problem Solving Python with Basic Math

프로그램은 실행하고자 하는 명령어들의 집합입니다. 명령어들을 오류 없이 작성하는 데 필요한 기초적인 내용인 변수, 입력과 출력, 주석, 자료형, 리스트, 튜플, 딕셔너리, 집합 등에 대해 하나씩 살펴보겠습니다.

## 변수

**01**

프로그램을 작성하기 위해서는 변수가 꼭 필요합니다. 프로그래밍 언어에서 변수는 변하는 값을 저장하는 기억 공간입니다. 프로그램을 처리하다보면 저장된 값을 변경해야 하는 경우가 있는데 이때 변수를 사용합니다. 프로그램을 작성하다 보면 여러 개의 변수를 사용할 수 있는데 이를 구분하기 위해 변수에 이름을 지정합니다. 이를 변수명이라고 합니다.

> **변수명 = 값**

변수에 값을 저장할 때 사용하는 형식은 대입 연산자(=)를 기준으로 좌변에는 변수명, 우변에는 값이 옵니다. 여기서 수학에서의 등호(=)와 다름을 알 수 있을 것입니다. 수학에서 '='는 같다는 의미지만, 프로그램에서 '='는 같다는 의미가 아니라 대입 연산자(=) 오른쪽에 있는 값을 왼쪽의 변수에 대입(저장)하라는 의미입니다.

| 파이썬 | 설명 |
|---|---|
| number = 3 | |
| number = 50 | |

## 입력과 출력

**02**

프로그램을 실행하고 그 결과를 출력하여 확인하는 것은 프로그래밍의 기본입니다. 모니터에 원하는 값을 출력하고 싶을 때는 print( ) 함수를 사용합니다. print( ) 함수처럼 파이썬에서 사용되는 모든 함수는 함수 이름 뒤에 소괄호를 붙입니다. 문자를 출력할 경우에는 큰 따옴표(" ")나 작은 따옴표(' ')를 붙여야 합니다. 숫자를 출력할 경우에는 따옴표를 붙이지 않고 그냥 소괄호 안에 숫자를 입력하면 됩니다.

문자와 숫자를 출력하는 프로그램을 작성해 보겠습니다.

코드 3-1-1

```
1  print("Hello")
2  print('Hello world')
3  print(100)
4  print(100+20)
```

실행 결과 ···▶

```
Hello
Hello world
100
120
```

위처럼 문자는 큰 따옴표와 작은 따옴표 안에 있는 자료가, 숫자는 소괄호 안의 값이 그대로 출력됩니다. 숫자형 자료는 따옴표를 붙이지 않으며, 수식을 입력하여 연산된 결과도 출력할 수 있어서 100+20과 같이 식을 입력하면 결괏값인 120이 출력됩니다.

원하는 값을 출력해 보았으니 이제 키보드를 통해 자료 입력하는 방법을 알아보겠습니다. 키보드로부터 입력값을 받고 싶을 때는 input( ) 함수를 사용합니다. input( ) 함수로 입력받은 모든 값은 문자열로 취급됩니다.

input( ) 함수를 사용해 보도록 하겠습니다.

코드 3-1-2

```
1  n = input( )
2  print(n)
```

실행 결과 ⋯▸

```
15  Enter
15
```

위 코드를 실행하면 아무런 결과가 나타나지 않은 것처럼 보일 겁니다. 이때 키보드로 15를 입력하고 Enter 를 누르면 변수 n에 15가 저장되고, 15가 출력됩니다.

첫 번째 행의 15는 input( ) 함수에 의해 키보드로 입력된 값이며 두 번째 행의 15는 print( ) 함수에 의해 출력된 값입니다. 헷갈리지 않게 하기 위해서는 input( ) 함수 안에 어떤 값을 입력해야 하는지 친절하게 문구를 아래와 같이 넣어주면 됩니다.

친절한 문구와 함께 입력받을 수 있도록 코드를 작성해 보겠습니다.

코드 3-1-3

```
1  n = input("학급 인원수를 입력해주세요 : ")
2  print(n)
```

실행 결과 ⋯▸

```
학급 인원수를 입력해주세요 : 30  Enter
30
```

위 코드를 실행하면 아래와 같은 문구가 보여집니다.

학급 인원수를 입력해주세요 :

input( ) 함수에 "학급 인원수를 입력해주세요 : " 내용을 입력했기 때문입니다. 이때 키보드로 30를 입력하고 [ Enter ]를 누르면 입력된 값 30이 변수 n에 저장된 후 출력됩니다.

## 주석

03

프로그램을 작성하다 보면 한 눈으로 파악할 수 없을 정도로 코드가 길어지는 경우가 있습니다. 코드의 특정 부분으로 돌아가 수정하려고 할 때 코드가 너무 길면 해당 부분을 찾기 힘들어집니다. 이런 경우 코드 설명이 되어 있다면 수정할 부분을 찾기가 수월할 것입니다. 코드에 대한 부연 설명을 하기 위해 설명 앞에 '#'기호를 붙여 사용하면 됩니다. 이를 주석(comment)이라고 하며 컴퓨터는 이 부분을 처리하지 않습니다.

주석을 사용한 코드를 작성해 보겠습니다.

코드 3-1-4

```
1    print("안녕") # 문자 출력
```

실행 결과 ···→

안녕

print("안녕") 코드에 대한 결과로 '안녕'이 출력되며 '# 문자 출력'부분은 처리되지 않습니다. 이 부분은 코드를 이해하기 쉽도록 설명해 놓은 주석이기 때문입니다.

## 자료형

**04**

프로그램에서 사용하는 모든 자료는 정해진 형(type)이 있습니다. 파이썬도 다양한 자료형이 있는데요, 그 중 숫자형과 문자열 자료형에 대해서 알아보겠습니다.

숫자형은 1, 12, 345 같은 정수와 3.14 같은 실수를 말합니다. 문자열 자료형은 문자들의 나열을 의미하며 "a", "Tree", 'I like music' 같이 큰 따옴표(" ")나 작은 따옴표(' ')로 묶어져 있습니다. 함수 type( )을 사용하면 자료형을 확인할 수 있습니다. type( ) 함수 소괄호 안에 알고자 하는 자료를 입력하면 그 결과를 쉽게 알 수 있습니다.

**코드 3-1-5**

```
1   print(type(13))
2   print(type(3.14))
3   print(type("Tree"))
4   print(type('I like music'))
```

**실행 결과 ⋯▶**

```
<class 'int'>
<class 'float'>
<class 'str'>
<class 'str'>
```

위에서 'int'는 숫자형의 정수를, 'float'는 숫자형의 실수를, 'str'은 문자열 자료형을 의미합니다. 13은 정수, 3.14는 실수, Tree와 I like music은 문자열임을 확인할 수 있습니다.

문자열 자료형일 경우 '+' 연산자는 어떤 역할을 하는지 확인해 보겠습니다.

코드 3-1-6

```
1   c1 = 'a'
2   c2 = 'b'
3   s1 = "I like "
4   s2 = "python!"
5
6   print(c1 + c2)
7   print(s1 + s2)
```

실행 결과 ⋯▸

```
ab
I like python!
```

문자열 자료형 사이에 + 는 더하기 연산자가 아닌 문자열을 연결하는 연산자로 사용합니다. 변수 c1, c2, s1, s2는 모두 문자열 자료형이므로 print(c1+c2)의 결과는 'ab', print(s1+s2)의 결과는 'I like python!' 가 됩니다.

앞에서 input( ) 함수로 입력받은 모든 값은 문자열로 취급한다고 설명했는데, 입력받은 자료가 문자열인지 확인해 보겠습니다.

코드 3-1-7

```
1   a = input( )
2   print(type(a))
```

실행 결과 ⋯▸

```
10  Enter
<class 'str'>
```

변수 a에는 키보드로 입력된 10이 저장됩니다. 이 10은 정수형처럼 보이지만 문자열 '10'입니다. type( )의 실행 결과가 'str'인 것으로 확인할 수 있습니다. 따라서 산술 연산을 하기 위해서는 숫자형으로 변환해줘야 합니다.

정수형으로 변환할 때는 int( ) 함수, 실수형으로 변환할 때는 float( ) 함수를 사용합니다.

코드 3-1-8

```
1   s1 = input( )
2   s2 = input( )
3   n1 = int(s1)
4   n2 = int(s2)
5   print(s1 + s2)
6   print(n1 + n2)
```

실행 결과 ···

입력된 값 s1, s2는 문자열 자료형으로 더하기 연산을 할 수가 없기 때문에 '+'는 문자열 연결하는 연산자로 사용하여 '35'라는 결과가 출력됩니다. 반면 변수 n1, n2는 int( ) 함수를 사용하여 정수형으로 변환했기 때문에, 더하기 연산이 되어 3+5의 결과인 8이 출력됩니다.

서식 지정자를 사용하여 문자열을 만들고 출력하는 방법을 알아보겠습니다. 서식 지정자란 정수, 실수, 문자, 문자열 등을 출력하기 위해 정해놓은 코드입니다.

| 서식 지정자 | 의미 |
|---|---|
| %d | 정수 |
| %f | 실수 |
| %c | 문자 1개 |
| %s | 문자열 |

```
1   print('My favorite number is %d.' %3)
2   print('Pi=%f' %3.141592)
3   print('First character is %c.' %'A')
4   print('I like %s.' %'Python')
5   print('old: %d, height: %f, name: %s' %(15, 167.5, 'minho'))
6
7   old = 16
8   height = 162.8
9   name = 'sumi'
10  print('old: %d, height: %.1f, name: %s' %(old, height, name))
```

실행 결과 ···▶

```
My favorite number is 3.
Pi=3.141592
First character is A.
I like Python.
old: 15, height: 167.500000, name: minho
old: 16, height: 162.8, name: sumi
```

코드 해설 ···▶   1행  : %d 위치에 정수 3이 출력됩니다.

2행  : %f 위치에 실수 3.141592가 출력됩니다.

3행  : %c 위치에 문자 'A'가 출력됩니다.

4행  : %s 위치에 문자열 'Python'이 출력됩니다.

5행  : %d, %f, %s 위치에 15, 167.5, 'minho'가 순서대로 출력됩니다. %f는 실수
       를 소수점 여섯 번째 자리까지 나타내므로 167.5는 167.500000으로 출력된
       것을 볼 수 있습니다.

10행 : 서식 지정자 %d, %.1f, %s 위치에 변수 old, height, name에 저장된 값이
       순서대로 출력됩니다. %.1f는 실수를 소수점 첫 번째 자리까지만 출력합니다.
       height 값이 162.8로 출력된 것을 확인할 수 있습니다. %.2f로 지정한다면
       소수점 두 번째 자리까지인 162.80으로 출력될 것입니다.

## 리스트

여러 개의 값을 각 변수에 저장하게 되면 변수의 개수가 많아져서 관리하기 힘들어집니다. 비슷한 성질의 값들을 묶어 하나로 관리를 하면 훨씬 수월해집니다. 이때 리스트를 사용하면 됩니다.

> ## 리스트명 = [요소1, 요소2, 요소3, …]

리스트는 여러 개의 값을 대괄호 '[ ]'로 묶어 표현합니다. 이는 변수처럼 요소1, 요소2, 요소3, … 의 값이 왼쪽 리스트에 저장됩니다. 리스트를 사용하여 프로그램을 작성해 보겠습니다.

코드 3-1-10

```
1  a = [100, 70, 80, 75, 90]
2  print(a[0])
3  print(a[3])
4  print(a[1:3])
5  print(a[2:5])
6  print(a)
```

실행 결과 ⋯

```
100
75
[70, 80]
[80, 75, 90]
[100, 70, 80, 75, 90]
```

코드 해설 ⋯

1행   : 리스트는 데이터가 여러 개이므로 데이터 관리를 위해 데이터마다 위칫값을 갖는데, 이를 인덱스라고 합니다. a[0], a[1], a[2], … 와 같이 순서대로 지정되어 요솟값을 순차적으로 저장합니다.

```
            a[0]  a[1]  a[2]  a[3]  a[4]
             0     1     2     3     4     ← 인덱스
        a = [100,  70,  80,  75,  90]
```

2~3행 : a[0]은 인덱스 0인 값을, a[3]은 인덱스 3인 값을 출력하므로 100과 75가 출력됩니다.

4행 : a[1:3]은 인덱스 1인 값부터 3-1까지의 값을 출력하기 때문에 [70, 80]이 출력됩니다.

5행 : a[2:5]은 인덱스 2부터 5-1까지의 값을 출력하기 때문에 [80, 75, 90]이 출력됩니다.

6행 : 리스트 a의 값을 전체 출력합니다.

리스트 자료형에서 연산이 가능할까요? '+'와 '*'을 리스트에서 사용해 보겠습니다.

코드 3-1-11

```
1   a = [1, 2]
2   b = [3, 4]
3   c = ['a', 'b']
4
5   print(a + b)
6   print(a + c)
7   print(a * 2)
8   print(c * 3)
```

실행 결과 ⋯➤

```
[1, 2, 3, 4]
[1, 2, 'a', 'b']
[1, 2, 1, 2]
['a', 'b', 'a', 'b', 'a', 'b']
```

코드 해설 ⋯➤ 5행 : 리스트 a의 값 1, 2와 리스트 b의 값 3, 4가 합쳐져 새로운 리스트 [1, 2, 3, 4]가 출력됩니다.

6행 : 리스트 a와 리스트 c가 합쳐져 새로운 리스트 [1, 2, 'a', 'b']가 출력됩니다. 리

스트에서 '+' 기호는 리스트의 값이 숫자인지 문자인지 관계없이 모든 값을 합치는 것을 알 수 있습니다.

7행 : 리스트 a의 값 1, 2가 두 번 반복되어 새로운 리스트 [1, 2, 1, 2]가 출력됩니다.

8행 : 리스트 b의 값 'a', 'b'가 세 번 반복되어 리스트 ['a', 'b', 'a', 'b', 'a', 'b']가 출력됩니다.

리스트 자료형에서 '+' 는 덧셈 연산이 아니라 두 개의 리스트를 연결하는 기능을 하고, '*' 는 곱셈 연산이 아닌 반복하는 기능을 하는 것을 확인했습니다.

리스트에서 요소를 삭제하거나 수정할 수도 있습니다. 코드를 통해서 확인해 보겠습니다.

**코드 3-1-12**

```
1   a = [1, 2, 3, 4, 5]
2
3   del a[2]
4   print(a)
5
6   del a[1:3]
7   print(a)
8
9   a[1] = 2
10  print(a)
```

실행 결과 ⋯▶

```
[1, 2, 4, 5]
[1, 5]
[1, 2]
```

코드 해설 ⋯▶

3~4행 : 리스트 a의 인덱스 2에 해당하는 값은 3입니다. 리스트 a의 값 3이 삭제되고 리스트 a는 [1, 2, 4, 5]가 출력됩니다.

6~7행 : 리스트 a의 인덱스 1에서부터 2까지 해당하는 값 2, 4가 삭제되어 [1, 5]가 출력됩니다.

9~10행 : 리스트 a의 인덱스 1에 해당하는 값 5가 2로 변경되어 [1, 2]가 출력됩니다.

함수 sort( )를 사용하여 리스트 자료형의 요소를 정렬할 수 있습니다. 코드로 확인해 보겠습니다.

코드 3-1-13

```
1   a = [5, 2, 4, 3, 1]
2   b = ['c', 'b', 'a', 'd']
3
4   a.sort()
5   print(a)
6
7   b.sort()
8   print(b)
```

실행 결과 ⋯

```
[1, 2, 3, 4, 5]
['a', 'b', 'c', 'd']
```

코드 해설 ⋯
4행 : 리스트 a를 정렬하여 리스트 a는 [1, 2, 3, 4, 5]가 됩니다.

7행 : 리스트 b의 요솟값은 문자입니다. 문자인 경우는 알파벳의 순서에 따라 정렬합니다.

## 튜플

**06**

프로그램을 작성하다 보면 값이 고정되어 있어야만 하는 경우가 있습니다. 즉, 프로그램이 실행되는 과정에서 값이 변하면 안 되는 경우입니다. 이때 사용하면 적절한 자료형이 튜플(Tuple)입니다. 튜플에서는 요소를 삭제하거나 요솟값을 변경할 수 없습니다.

> **튜플명 = (요소1, 요소2, 요소3, ⋯)**

튜플은 여러 개의 값을 소괄호 '( )'로 묶어 표현합니다. 튜플을 사용해 보겠습니다.

```
1   t = (1, 2, 3)
2
3   del t[2]
4   print(t)
```

```
TypeError                              Traceback (most recent call last)
Input In [1], in <cell line: 3>()
    1 t = (1, 2, 3)
--→ 3 del t[2]
    4 print(t)


TypeError: 'tuple' object doesn't support item deletion
```

위에서 설명한 것처럼 튜플은 요소를 삭제할 수 없다는 것을 확인할 수 있습니다.

```
1   t = (1, 2, 3)
2
3   t[0] = 2
4   print(t)
```

```
TypeError                              Traceback (most recent call last)
Input In [1], in <cell line: 3>()
    1 t = (1, 2, 3)
--→ 3 t[0] = 2
    4 print(t)


TypeError: 'tuple' object does not support item assignment
```

튜플에서는 요솟값을 변경할 수 없습니다.

튜플에서 인덱스, '+'와 '*'는 리스트와 같이 작동됩니다. 코드를 통해서 확인해 보겠습니다.

코드 3-1-16

```
1   t1 = (1, 2)
2   t2 = ('a', 'b')
3
4   print(t1[1])
5   print(t2[0:])
6   print(t1 + t2)
7   print(t1 * 2)
8   print(t2 * 3)
```

실행 결과 ⋯

```
2
('a', 'b')
(1, 2, 'a', 'b')
(1, 2, 1, 2)
('a', 'b', 'a', 'b', 'a', 'b')
```

코드 해설 ⋯

4행 : 튜플 t1의 인덱스 1에 해당하는 값인 2가 출력됩니다.

5행 : 튜플 t2의 인덱스 0부터 끝까지 해당하는 값인 ('a', 'b')가 출력됩니다.

6행 : 튜플 t1의 값과 튜플 t2의 값이 합쳐져 새로운 튜플 (1, 2, 'a', 'b')가 출력됩니다.

7행 : 튜플 t1의 값이 두 번 반복되어 새로운 튜플 (1, 2, 1, 2)가 출력됩니다.

8행 : 튜플 t2의 값이 세 번 반복되어 튜플 ('a', 'b', 'a', 'b', 'a', 'b')가 출력됩니다.

## 딕셔너리

07

딕셔너리(Dictionary)는 사전이라는 뜻입니다. 사전에서 'star'라는 단어를 찾으면 '별'이라는 뜻이 나옵니다. 단어장에 'star : 별'이라고 기록하는 것과 같은 형태의 자료형이 딕셔너리 입니다.

딕셔너리의 요솟값은 콜론 ':'을 사용하여 key : value 형태를 이루고 있으며 요소들은 중괄호 '{ }'로 묶어서 표현합니다. 딕셔너리의 요솟값이 'star' : '별'이면 'star'는 key 이고 '별'은 value가 됩니다.

> **딕셔너리명 = {key1:value1, key2:value2, key3:value3, …}**

딕셔너리는 여러 개의 요소를 중괄호 '{ }'로 묶어 표현합니다. 딕셔너리를 사용해 보겠습니다.

**코드 3-1-17**

```
1   d = {'class' : 1, 'number' : 5, 'class' : 2}
2
3   print(d)
4   print(d['class'])
5   print(d['number'])
6
7   d['name'] = 'minho'
8   print(d)
9
10  del d['class']
11  print(d)
12
13  d['number'] = 10
14  print(d)
```

**실행 결과 ···**

```
{'class': 2, 'number': 5}
2
5
{'class': 2, 'number': 5, 'name': 'minho'}
{'number': 5, 'name': 'minho'}
{'number': 10, 'name': 'minho'}
```

**코드 해설 ···**

3행 : 딕셔너리 d에는 key가 'class'인 요소가 2개 존재합니다. 이런 경우 가장 뒤의 값인 2가 출력됩니다.

4행 : 딕셔너리는 key를 통해서만 값을 구할 수 있습니다. 'class'라는 key에 해당하는 값 1과 2중 뒤의 값인 2가 출력됩니다.

5행 : 'number' key에 해당하는 값 5가 출력됩니다.

7행 : key가 'name'이고 value가 'minho'인 새로운 요소 'name' : 'minho'가 딕셔너리 d에 추가됩니다.

10행 : 딕셔너리 d의 key가 'class'인 요소가 삭제됩니다.

13행 : 딕셔너리 d에는 이미 'number'라는 key가 존재하는데 같은 key 'number'
로 value 10을 추가한 경우입니다. 이런 경우 기존의 value인 5는 무시되고
10이 됩니다.

딕셔너리를 사용하다 보면 특정 key가 존재하는지 확인이 필요할 때가 있습니다.
이때 키워드 in을 사용하면 쉽게 알 수 있습니다. 코드를 작성해서 확인해 보겠습
니다.

코드 3-1-18

```
1   d = {'class': 1, 'number': 5, 'name': 'minho'}
2
3   print('number' in d)
4   print('address' in d)
```

실행 결과 ⋯

```
True
False
```

코드 해설 ⋯

3행 : 딕셔너리 d에 key 'number'가 있는지 확인합니다. key 'number'가 존재하
므로 True가 출력됩니다.

4행 : 딕셔너리 d에는 key 'address'가 없으므로 False가 출력됩니다.

딕셔너리에서 key만을 따로 구할 수 있을까요? 또는 value만을 따로 구하는 것은
어떤가요? keys( ), values( ) 함수를 사용해 보겠습니다.

코드 3-1-19

```
1    d = {'class': 1, 'number': 5, 'name': 'minho'}
2
3    print(d.keys())
4    print(d.values())
5
6    d_keys = list(d.keys())
7    print(d_keys)
8
9    d_values = list(d.values())
10   print(d_values)
```

```
dict_keys(['class', 'number', 'name'])
dict_values([1, 5, 'minho'])
['class', 'number', 'name']
[1, 5, 'minho']
```

코드 해설 ⋯    3행 : d.keys( )는 딕셔너리 d의 key에 해당하는 값만을 모아 dict_keys 객체로 가져옵니다. 객체에 대해서는 좀 더 공부가 필요합니다. 여기서는 딕셔너리의 key를 따로 모은 결과만 확인하겠습니다.

4행 : d.values( )는 딕셔너리 d의 value에 해당하는 값만을 모아 dict_values 객체로 가져옵니다.

6행 : 딕셔너리 d의 key만을 모아 리스트로 변환합니다.

9행 : 딕셔너리 d의 value만을 모아 리스트로 변환합니다.

keys( ), values( ) 외에도 딕셔너리에서 사용할 수 있는 함수가 많습니다. 다양한 함수를 사용하여 딕셔너리를 더 자유롭게 활용할 수 있습니다.

## 집합

**08**

수학에서 집합(Set)을 배웠을 것입니다. 파이썬에서 사용하는 자료구조 집합은 바로 수학에서 배운 집합을 처리하기 위한 것입니다. 집합 자료형은 수학의 집합에서와 같이 요소가 중복될 수 없으며 요소 사이에는 순서가 의미 없습니다.

set( ) 함수를 사용하여 집합 자료형을 만들어 보겠습니다.

코드 3-1-20

```
1   s1 = set([1, 2, 3, 4, 3])
2   print(s1)
3
4   s2 = set("Python")
5   print(s2)
6
7   s3 = set("banana")
8   print(s3)
```

```
{1, 2, 3, 4}
{'h', 'n', 'y', 'P', 't', 'o'}
{'a', 'b', 'n'}
```

코드 해설 ···▶  1행    : 리스트 [1, 2, 3, 4, 3]에 값 3이 2개 있지만, 집합은 중복된 값을 허용하지
            않습니다. 따라서 만들어진 집합 s1은 [1, 2, 3, 4]가 됩니다.

         4~5행 : 문자열 "Python"을 가지고 만든 집합은 {'P', 'y', 't', 'h', 'o', 'n'}이 될 것이
            라고 예상됩니다. 하지만 결과는 {'h', 'n', 'y', 'P', 't', 'o'}로 출력되었습니다. 집합
            은 요소들 간의 순서가 없으며 실행 결과는 매번 다르게 나옵니다. 여러분들의
            실행 결과도 다르게 나타날 수 있습니다.

         7~8행 : 문자열 "banana"로 만들어진 집합은 {'a', 'b', 'n'} 입니다. 중복된 문자가 제
            외되고 순서도 뒤섞여 있는 것을 알 수 있습니다.

집합 자료형을 만들어 보았으니 합집합, 교집합, 차집합을 구해보겠습니다.

코드 3-1-21

```
1    s1 = set([1, 2, 3, 4])
2    s2 = set([3, 4, 5, 6])
3
4    print(s1 | s2)
5    print(s1.union(s2))
6
7    print(s1 & s2)
8    print(s1.intersection(s2))
9
10   print(s1 - s2)
11   print(s1.difference(s2))
12   print(s2 - s1)
13   print(s2.difference(s1))
```

CHAPTER ③ ① 기본 문법

```
{1, 2, 3, 4, 5, 6}
{1, 2, 3, 4, 5, 6}
{3, 4}
{3, 4}
{1, 2}
{1, 2}
{5, 6}
{5, 6}
```

코드 해설 ···

4~5행    : 집합 s1과 집합 s2의 합집합을 출력합니다.

7~8행    : 집합 s1과 집합 s2의 교집합을 출력합니다.

10~11행 : 집합 s1에서 집합 s2를 뺀 차집합을 출력합니다.

12~13행 : 집합 s2에서 집합 s1을 뺀 차집합을 출력합니다.

## 불
### 09

참(True)과 거짓(False)을 값으로 가지는 자료형을 불(Bool)이라고 합니다, 불 자료형을 사용하여 코드를 작성해 보겠습니다.

코드 3-1-22

```
1   b1 = True
2   print(b1)
3
4   b2 = 1 > 2
5   print(b2)
6
7   b3 = 'a' < 'b'
8   print(b3)
9
10  print(type(b1))
11  print(type(b2))
12  print(type(b3))
```

```
True
False
True
<class 'bool'>
<class 'bool'>
<class 'bool'>
```

코드 해설 ⋯▸

1행     : 변수 b1에는 논리값 Ture가 저장됩니다.

4행     : 조건식 1 〉2는 연산 결과가 거짓이므로 변수 b2에 False가 저장됩니다.

7행     : 조건식 'a' 〈 'b'는 연산 결과가 참이므로 변수 b3에 True가 저장됩니다.

10~12행 : 변수 b1, b2, b3에는 논리값이 저장되어 있으므로 변수의 자료형으로 bool이 출력됩니다.

프로그램을 작성하는 기초가 되는 입출력 방법, 변수, 자료형의 종류와 활용하는 방법 등에 대해 학습하였습니다. 이 정도로도 충분히 프로그램을 작성할 수 있지만, 프로그램을 제어할 수 있는 제어문을 공부하면 더 간략하고 효율성 높은 프로그램을 작성할 수 있습니다. 제어문에 대해 자세히 알아봅시다.

# UNIT 02 제어문

Problem Solving Python with Basic Math

명령어들을 순차적으로 나열하는 구조는 프로그램을 작성하기는 편리하지만, 효율성은 보장하기 어렵습니다. 특히 프로그램의 길이가 긴 경우는 반복되는 명령이나 흐름이 복잡해지는 경우가 발생하는데, 제어문을 활용하면 규칙성을 찾아 명령어들의 흐름을 제어할 수 있습니다. 또한, 복잡하고 긴 프로그램을 간략하고 단순하게 작성할 수 있습니다. 여기에서는 대표적인 제어문인 조건문과 반복문을 살펴보겠습니다.

## 조건문

**01**

프로그래밍은 기본적으로 위에서부터 아래로 순차적으로 진행되지만, 조건에 따라 다르게 명령을 실행해야 하는 경우도 발생합니다. 이런 경우에는 조건문인 if 문을 사용하면 간단하게 해결할 수 있습니다.

```
if ~ else 문

if 조건 :              # 만약 조건이 참이면 명령문1 실행
    명령문1
else :                # 만약 조건이 거짓이면 명령문2 실행
    명령문2
```

if 문은 조건이 참이면 명령문1을 실행하고 아니면 명령문2를 실행합니다. 조건이 만족하지 않을 때 해당되는 명령이 없다면 else 부분을 생략합니다.

```
if 문
```

```
if 조건 :          # 만약 조건이 참이면 명령문 실행
    명령문
```

명령문은 반드시 들여쓰기해야 함을 유의해야 합니다. 들여쓰기가 자동으로 되지 않을 때는 탭(tab)키를 눌러 들여쓰기를 해야 합니다. 들여쓰기를 하지 않고 프로그램을 작성하면 나중에 실행할 때 '구문 오류(Syntax Error)'가 발생합니다. 위와 관련된 실습을 해보도록 하겠습니다.

> ※ 오류(Error)의 종류
>
> • 구문오류(Syntax Error) : 문법 오류라고도 부르며 파이썬 프로그래밍 언어의 형식에 맞지 않을 경우에 발생하는 오류입니다.
> • 논리오류(Logic Error) : 파이썬 프로그래밍 언어의 형식에는 맞으나 논리적인 절차가 맞지 않을 경우에 발생하는 오류입니다. 이 때는 원하는 결과가 나오지 않거나 프로그램이 종료되지 않는 심각한 오류가 발생할 수 있습니다.

코드 3-2-1

```
1   s = 90
2   if s >= 80 :
3       print('잘했어요')
4   else :
5       print('노력하세요')
```

실행 결과 ⋯

```
잘했어요
```

변수 s에는 90의 값이 저장되어 있으며 이는 80이상이기 때문에 '잘했어요'라는 결과가 나왔습니다. 만약 변수 s에 70이 저장되었다면 '노력하세요'라는 결과가 나옵니다. 그런데 하나의 조건이 아니라 여러 가지의 조건일 때는 어떻게 해야 할까요? 그런 경우에는 조건문 중간에 elif를 사용합니다.

```
if ~ elif ~ else 문

  if 조건1 :          # 만약 조건1이 참이면 명령문1 실행
     명령문1
  elif 조건2 :        # 조건1이 거짓이고, 만약 조건식2가 참이면 명령문2 실행
     명령문2
  elif 조건3 :        # 조건1, 2가 모두 거짓이고, 만약 조건3이 참이면 명령문3 실행
     명령문3
  else :             # 조건1, 2, 3이 모두 거짓이면 명령문4 실행
     명령문4
```

위 형식처럼 조건1이 참이면 명령문1을 실행하고, 조건2가 참이면 명령문2를 실행합니다. 조건 1, 2, 3이 모두 거짓이면 명령문4가 실행됩니다. 관련된 실습을 해보도록 하겠습니다.

코드 3-2-2

```
1   age = 15
2   if age < 8 :
3       print('유치원생')
4   elif age < 14 :
5       print('초등학생')
6   elif age < 17 :
7       print('중학생')
8   elif age < 20 :
9       print('고등학생')
10  else :
11      print('대학생')
```

실행 결과 ⋯

중학생

변수 age에는 15의 값이 저장되어 있기에 만족하는 조건의 명령문인 '중학생'이 출력됩니다. 만약 변수 age 값이 19라면 '고등학생'이 출력됩니다.

## 반복문

효율적인 프로그래밍은 실행시간이 적게 걸리고 기억 공간을 최소화해야 합니다. 프로그램을 작성할 때 규칙성을 찾아 반복문을 적절하게 사용하면 코드를 짧게 줄이는 동시에 효율적으로 작성할 수 있습니다. 파이썬에서 사용되는 반복문인 for 문과 while 문에 대해 알아봅시다.

### ■ for 문

반복문으로는 for 문을 주로 사용합니다. for 문은 주어진 데이터를 순회하거나 원하는 횟수만큼 반복합니다.

for 문

```
for 변수 in 리스트 :
    반복할 명령문
```

리스트 뒤에 콜론 기호(:)를 쓰고 그 밑에 반복할 명령문을 작성합니다. 반복할 명령문 앞에서 반드시 들여쓰기가 되어 있어야 합니다. 변수에 리스트의 첫 번째 요소부터 마지막 요소까지 차례대로 대입되어 반복할 명령문을 수행합니다. 실습을 통해 좀 더 자세히 알아보도록 하겠습니다.

코드 3-2-3

```
1  n = [1, 2, 3, 4, 5]
2  for i in n :
3      print(i)
```

실행 결과 ⋯▶

```
1
2
3
4
5
```

리스트 n의 요소를 하나씩 불러와서 변수 i에 대입하여 변수 i의 값을 출력합니다. 따라서 리스트 n의 요소인 1부터 5까지 출력됩니다.

리스트의 요소가 많으면 일일이 요소를 작성하는 것은 번거롭습니다. 이럴 때 리스트 대신 range( ) 함수를 사용하면 간단하게 코드를 작성할 수 있습니다. range( ) 함수는 괄호 안에 수를 쓰면 연속된 정수를 생성해줍니다.

> · for 변수 in range(n) :
>     반복할 명령문

변수에 0부터 n-1까지 차례대로 대입되면서 반복할 명령문을 수행합니다. range( ) 함수에 대해 더 자세히 알아봅시다.

| 표현 | 설명 | 예 |
|---|---|---|
| range(n) | 0부터 n-1의 정수 생성 | range(10)<br>→ 0, 1, 2, …, 9 |
| range(n1, n2) | n1부터 n2-1의 정수 생성 | range(2, 10)<br>→ 2, 3, 4, …, 9 |
| range(n1, n2, n3) | n1부터 n2-1까지 n3씩 증가하는 정수 생성 | range(2, 20, 2)<br>→ 2, 4, 6, …, 18 |

range( ) 함수를 사용하면 좀 더 간단하게 for 문을 작성할 수 있습니다.

코드 3-2-4

```
1   total = 0
2   for i in range(1, 10, 2) :
3       total = total + i
4   print(total)
```

실행 결과 ⋯

25

range(1, 10, 2) 이므로 1부터 9까지 2씩 증가하는 정수를 생성합니다. 따라서 변수 i값은 1, 3, 5, 7, 9 가 되며 이 수들을 모두 더한 값인 25가 출력됩니다.

for문을 사용하여 딕셔너리 자료형에서 key만을 출력해 보겠습니다.

코드 3-2-5

```
1  d = {'class': 1, 'number': 5, 'name': 'minho'}
2
3  for key in d.keys() :
4      print(key)
```

실행 결과 ···▸

```
class
number
name
```

코드 해설 ···▸ 3~4행 : 딕셔너리 d에서 key는 'class', 'number', 'name' 입니다. 반복문 for를 실행하면서 순서대로 key가 출력됩니다.

### ■ while 문

어떤 조건을 만족할 동안 명령문을 계속 반복하는 경우에 사용합니다. 이런 경우에는 for 문보다는 while 문을 사용하는 것이 더 편리합니다.

| while 문 |
| --- |
| while 조건 :<br>    반복할 명령문 |

조건 뒤에 콜론 기호(:)를 쓰고 그 안에 반복할 명령문을 작성합니다. 반복할 명령문 앞에는 들여쓰기 합니다. while 문은 if 문과 비슷하게 조건이 참이면 명령문을 실행하는 구조입니다. 조건이 참인 동안 반복할 명령문을 계속 실행합니다. 조건이 거짓이면 더 이상 반복할 명령문을 실행하지 않고 while 문을 종료합니다.

```
1   i = 3
2   while i <= 5 :
3       print(i)
4       i = i + 1
```

실행 결과 ⋯▶

```
3
4
5
```

i값이 5보다 작거나 같을 동안 i값을 출력하고 i값을 1씩 증가시킵니다. i값이 6이
되었을 경우 조건에 만족하지 않기 때문에 while 문이 종료됩니다. 따라서 3, 4, 5
가 출력됩니다.

반복문을 작성하다 보면 무한 반복해야 하는 경우가 발생합니다. 이때 while 문에
서 조건을 적는 부분에 참을 의미하는 True나 1을 사용하면 됩니다. break를 사용
하면 무한 반복을 멈출 수가 있습니다. break 명령은 해당 반복을 멈추고 반복문을
종료하라는 의미입니다. 관련 실습을 해보겠습니다.

코드 3-2-7

```
1   i = 1
2   while True :
3       print(i)
4       i = i + 1
5       if i >= 4 :       # i가 4이상이면 break가 실행되어 while 문을 빠져나감
6           break
```

실행 결과 ⋯▶

```
1
2
3
```

while 문의 조건은 항상 참이므로 3~6행 명령문을 계속 반복하다가 5행의 if 문을
만났을 때 조건이 맞으면 while 문을 종료합니다. 따라서 1부터 3까지 정수를 출력
하고 i가 4가 되면 if 문의 i >= 4 가 만족하게 되어 break가 실행됩니다.

지금까지 제어문 중에서 조건문과 반복문을 활용하여 더 간략하고 효율적인 프로그래밍을 작성해 보았습니다. 조건문을 활용하면 조건에 맞는 명령을 실행할 수 있으며 반복적인 작업은 반복문을 통해 간결하게 프로그래밍 할 수 있습니다. 다음 장에서는 파이썬에서 제공해주는 내장함수, 사용자가 필요한 명령어들로 만든 사용자 정의 함수, 라이브러리에서 지원해 주는 함수들을 사용하여 더 매력적인 프로그램을 작성해 보겠습니다.

UNIT
03
**파이썬 함수**

Problem Solving Python with Basic Math

앞에서 파이썬에서 지원해 주고 있는 함수인 내장함수에 대해 몇 가지 공부했습니다. 이외에도 유용하게 사용하는 내장함수들과 내가 원하는 명령어들을 함수로 만들어 사용할 수 있는 사용자 정의 함수가 있습니다.

## 내장함수

01

파이썬에서 제공하는 내장함수들 중에서 자주 사용하는 함수를 알아보도록 하겠습니다.

| 함수 | 설명 | 함수 | 설명 |
|---|---|---|---|
| int( ) | 정수형으로 변환 | max( ) | 가장 큰 값을 구함 |
| float( ) | 실수형으로 변환 | min( ) | 가장 작은 값을 구함 |
| bin( ) | 2진수로 변환 | abs( ) | 절댓값을 구함 |
| oct( ) | 8진수로 변환 | len( ) | 문자열의 길이를 구함 |
| hex( ) | 16진수로 변환 | | |

위 내장함수들을 사용한 간단한 실습을 해보도록 하겠습니다.

코드 3-3-1

```
1   print( int('12') )
2   print( float('12') )
3   print( bin(10) )
4   print( oct(10) )
5   print( hex(10) )
6
7   list = [3, 5, 1, 7, 4]
8   print( max(list) )
9   print( min(list) )
10  print( abs(-5) )
11  print( len(list) )
```

실행 결과 ···

```
12
12.0
0b1010
0o12
0xa
7
1
5
5
```

코드 해설 ···

1행   : 문자열 12를 정수형으로 변환하여 출력합니다.

2행   : 문자열 12를 실수형으로 변환하여 출력합니다.

3행   : 10진수 10을 2진수로 변환하여 출력합니다.

4행   : 10진수 10을 8진수로 변환하여 출력합니다.

5행   : 10진수 10을 16진수로 변환하여 출력합니다.

8행   : 리스트 list의 요소 중 가장 큰 값을 구해 출력합니다.

9행   : 리스트 list의 요소 중 가장 작은 값을 구해 출력합니다.

10행  : −5의 절댓값을 구해 출력합니다.

11행  : 리스트 list의 요소의 개수를 구해 출력합니다.

함수들의 결과가 어떻게 나오는지를 실습해 보았습니다.

## 사용자 정의 함수

**02**

파이썬에서 제공되는 함수는 많지만 원하는 기능을 하는 함수가 모두 있는 것은 아닙니다. 이럴 경우 필요한 기능을 구현하는 나만의 함수를 만들면 됩니다. 이를 사용자 정의 함수라고 합니다. 사용자 정의 함수를 만드는 형식은 다음과 같습니다.

---

**매개변수가 있는 경우**

**함수 정의**
```
def 함수이름 ( 매개변수1, 매개변수2, … ) :
    실행할 명령문
    return 반환값
```
**함수 호출**
```
함수이름( 인자1, 인자2, … )
```

---

사용자 정의 함수는 def 예약어를 사용하여 함수 이름을 정의합니다. 함수에 필요한 값은 매개변수로 함께 정의할 수 있습니다. 그리고 함수 안에는 실행할 명령문들을 나열합니다. 함수 실행 결과를 반환해야 할 때는 return 명령어를 사용합니다. 함수를 호출할 때는 함수의 이름과 전달할 인자값을 사용합니다.

---

**매개변수가 없는 경우**

**함수 정의**
```
def 함수이름 ( ) :
    실행할 명령문
    return 반환값
```
**함수 호출**
```
함수이름( )
```

---

만약, 함수 정의 시 매개변수가 필요하지 않다면 함수 호출 시에도 인자값을 사용하지 않습니다.

직사각형의 넓이를 구하기 위해 두 변의 길이를 매개변수로 사용하는 프로그램을 작성해 봅시다.

```
1    def area(a, b) : # 함수 만들기
2        c = a * b
3        return c
4
5    s = area(3, 4) # 함수 호출하기
6    print("직사각형의 넓이 :", s)
```

실행 결과 ···▶

직사각형의 넓이 : 12

코드 해설 ···▶

1~3행 : 2개의 매개변수를 입력받아 그 곱을 출력하는 함수를 정의하는 부분입니다.

5행    : 두 개의 인자값(3, 4)을 area라는 사용자 정의 함수에 전달하여 처리된 결과를 s에 저장합니다.

빈번하게 사용되는 동작의 경우 이렇게 사용자 정의 함수로 정의해 두면 필요할 때마다 호출하여 사용할 수 있어서 프로그램을 간결하게 작성할 수 있습니다.

CHAPTER 3

03 파이썬 함수

# UNIT 04 라이브러리

파이썬의 내장함수와 사용자 정의 함수만으로는 다양하고 효율적인 프로그램을 작성하는 데는 한계가 있습니다. 앞에서 언급했듯이, 파이썬의 장점은 확장성에 있습니다. 제공하는 외부 라이브러리를 잘 활용하면 프로그램을 쉽게 작성할 수 있습니다.

라이브러리(library)는 자주 사용하는 기능을 미리 제작해 놓은 프로그램입니다. 필요한 라이브러리를 호출하여 프로그램을 실행하면 언제든지 자유롭게 이용할 수 있도록 구성되어 있습니다. 필요한 기능을 직접 프로그램으로 작성하지 않고 그 기능을 하는 라이브러리를 불러와 사용하면 훨씬 수월하게 파이썬 프로그램을 작성할 수 있습니다.

예를 들어, 레고 블록으로 가족들이 함께 어울려 사는 집을 만들고자 합니다. 집을 만들기 위해 크고 작은 블록들을 쌓아 올려 벽을 튼튼히 세웠습니다. 그리고, 꼭때기에 지붕을 만들기 위해 납작한 레고 블록을 켜켜이 쌓아 올려야 합니다. 이때, 지붕 모양의 비스듬한 레고 블록이 있다면 어떨까요? 그렇다면 지붕 모양의 비스듬한 레고 블록을 가지고 와서 간단하게 집을 완성할 수 있습니다. 이렇듯 지붕 모양의 블록처럼 필요할 때마다 이미 만들어 놓은 라이브러리를 가져와 프로그램을 작성하면 수월하게 프로그램을 제작할 수 있습니다.

각종 라이브러리를 사용하기 위해서는 import라는 명령어를 사용합니다. import는 이미 만들어 놓은 파이썬 라이브러리 모듈을 사용할 수 있게 해주는 명령어입니다.

# 넘파이(numpy) 라이브러리

**01**

넘파이(numpy)는 numerical python의 줄임말이며, C언어로 구현된 라이브러리로써 복잡한 수치계산을 위해 제작되었습니다. numpy 라이브러리는 변수명으로 선언하여 사용할 수 있습니다.

> import numpy as 변수명

numpy 라이브러리는 수학 분야 중 벡터 및 행렬 연산에 편리한 기능들을 제공합니다. 행렬 연산은 배열의 형태로 저장되며 인공지능 학습에 필요한 데이터를 저장합니다. numpy 라이브러리에서 제공하는 다양항 함수에 대해서 알아보겠습니다.

■ arange( )

연속된 정수로 데이터를 생성할 때 사용합니다. 첫 번째 숫자부터 두 번째 숫자보다 1만큼 작은 정수까지 저장된 배열이 만들어집니다. 숫자를 하나만 쓸 때는 0부터 1만큼 작은 정수까지 저장된 배열을 만듭니다.

코드 3-4-1

```
1  import numpy as np
2
3  a = np.arange(5)
4  b = np.arange(3, 5)
5  print(a)
6  print(b)
```

실행 결과 ⋯

```
[0 1 2 3 4]
[3 4]
```

코드 해설 ⋯

1행 : numpy 라이브러리를 불러와 np라는 변수로 사용할 수 있게 합니다.

3행 : 0~4까지 값을 포함한 배열 a가 만들어집니다.

4행 : 3~4까지 값을 포함한 배열 b가 만들어집니다.

5행 : 배열 a의 값을 출력합니다.

6행 : 배열 b의 값을 출력합니다.

### ▪ zeros( )와 ones( )

zeros( ) 함수는 0으로 이루어진 배열을 만들고, ones( )함수는 1로 이루어진 배열을 만들어줍니다.

코드 3-4-2

```
1   import numpy as np
2
3   print( np.zeros(5) )
4   print( np.ones(3) )
```

실행 결과 ···▸

```
[0. 0. 0. 0. 0.]
[1. 1. 1.]
```

코드 해설 ···▸ 3행 : 0이 5개로 이루어진 배열을 출력합니다.

4행 : 1이 3개로 이루어진 배열을 출력합니다.

### ▪ bincount( )

bincount( ) 함수는 리스트에서 0부터 최댓값까지 해당 숫자가 몇 개 있는지 배열로 만들어줍니다.

코드 3-4-3

```
1   import numpy as np
2
3   list = [5, 5, 3, 1, 2, 2, 5]
4   print( np.bincount(list) )
```

실행 결과 ···▸

```
[0 1 2 1 0 3]
```

리스트 list는 0이 0개, 1이 1개, 2가 2개, 3이 1개, 4는 0개, 5가 3개로 구성되어 있기 때문에 각 숫자들의 개수를 구해 배열로 출력합니다.

### ▪ 통계 함수

평균, 중앙값, 최댓값 인덱스, 최솟값 인덱스, 분산, 표준편차를 연산자로 힘들게 구할 필요 없이 numpy 라이브러리에서 제공하는 함수를 이용하면 손쉽게 구할 수 있습니다.

| 함수명 | 설명 |
|---|---|
| average( ) | 리스트 요소들의 평균을 구합니다. |
| median( ) | 리스트 요소들의 중앙값을 구합니다. |
| argmax( ) | 리스트 요소들 중 가장 큰 값의 인덱스값을 구합니다. |
| argmin( ) | 리스트 요소들 중 가장 작은 값의 인덱스값을 구합니다. |
| var( ) | 리스트 요소들의 분산을 구합니다. |
| std( ) | 리스트 요소들의 표준편차를 구합니다. |

코드 3-4-4

```
1  import numpy as np
2
3  list = [2, 2, 3, 1, 5]
4  print( np.average(list) )
5  print( np.median(list) )
6  print( np.argmax(list) )
7  print( np.argmin(list) )
8  print( np.var(list) )
9  print( np.std(list) )
```

실행 결과 ···▸

```
2.6
2.0
4
3
1.8399999999999999
1.3564659966250536
```

4행 : 평균을 출력합니다.

5행 : 크기순으로 나열하여 중앙에 위치한 값을 출력합니다.

6행 : 최댓값의 인덱스값을 출력합니다.

7행 : 최솟값의 인덱스값을 출력합니다.

8행 : 분산을 출력합니다.

9행 : 표준편차를 출력합니다.

## 매쓰(math) 라이브러리

매쓰(math) 라이브러리는 수학함수를 사용하기 위해 가져옵니다. 사칙연산 외에 제곱근이나 삼각함수 연산을 할 때 주로 사용합니다.

| 함수명 | 설명 |
|---|---|
| pow( ) | 거듭제곱을 구합니다. |
| sqrt( ) | 제곱근을 구합니다. |

코드 3-4-5

```
1   import math
2
3   print( math.pow(2,3) )
4   print( math.sqrt(16) )
```

실행 결과 ···

```
8.0
4.0
```

코드 해설 ···  3행 : $2^3$의 값을 구해 출력합니다.

4행 : $\sqrt{16}$의 값을 구해 출력합니다.

이렇게 거듭제곱과 제곱근을 구하고자 할때에는 math 라이브러리의 함수를 이용하면 수월하게 구할 수 있습니다.

## 맷플롯립(matplotlib) 라이브러리

맷플롯립(matplotlib) 라이브러리는 간단한 애니메이션 작성 및 데이터를 그래프나 이미지로 시각화하기 위해 제작되었습니다. 맷플롯립 라이브러리의 여러 가지 기능 중 파이플롯(pyplot) 모듈은 빅데이터 분석에서 다양한 형태의 그래프를 그릴 수 있도록 지원합니다.

| 함수명 | 설명 |
|---|---|
| plot( ) | 점과 점을 잇는 그래프를 그립니다. |
| grid( ) | 격자를 표시합니다. |
| show( ) | 그래프를 보여줍니다. |

코드 3-4-6

```
1   import matplotlib.pyplot as plt
2   import numpy as np
3
4   x = np.arange(0, 6)
5   plt.plot(x, 2*x)
6   plt.grid()              # 좌표평면에 격자를 표시
7   plt.show()             # 그래프 보여줌
```

실행 결과 ⋯▸

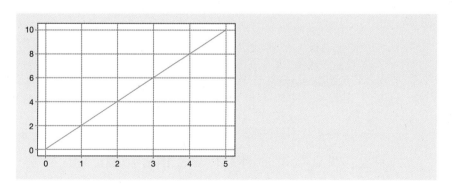

코드 해설 ⋯▸ 5행 : plot(x, y)은 좌표(x, y)에 해당하는 점들을 잇는 그래프가 그려집니다. 즉, x의 값이 0~5일 때 $y=2x$ 그래프가 그려집니다.

**101**

## 판다스(pandas) 라이브러리

판다스(pandas) 라이브러리는 데이터 분석을 위해 주로 사용합니다. 자료를 수집하고 정리하는 데 최적화된 도구라고 말할 수 있습니다. 엑셀처럼 큰 데이터를 다루거나 데이터 분석을 위한 여러 가지 편리한 기능을 제공합니다.

> ### import pandas as 변수명

지정된 변수명으로 pandas 라이브러리를 모듈을 사용할 수 있게 해줍니다. 대표적인 함수로는 Series( )가 있는데 2차원 배열처럼 사용할 수 있게 해주는 함수입니다. 리스트나 numpy 라이브러리의 array( ) 함수는 인덱스(index) 값이 처음부터 0, 1, 2, … 인 반면에 pandas 라이브러리의 Series( ) 함수는 인덱스를 임의로 지정할 수 있습니다.

코드 3-4-7

```
1   import pandas as pd
2
3   balls = pd.Series([20, 40, 10])
4   print(balls)
```

실행 결과 …▶

```
0    20
1    40
2    10
dtype: int64
```

위와 같이 인덱스값을 입력하지 않았을 경우는 인덱스값으로 0, 1, 2가 출력됩니다. 그럼 인덱스값이 입력된 경우를 살펴보도록 하겠습니다.

```
1    import pandas as pd
2
3    balls = pd.Series([20, 40, 10], ['red', 'blue', 'black'])
4    print(balls)
```

실행 결과 ⋯▸

```
red      20
blue     40
black    10
dtype: int64
```

인덱스값을 ['red', 'blue', 'black']와 같이 입력하게 되면 0, 1, 2가 아닌 red, blue, black이 출력됨을 확인할 수 있습니다.

지금까지 파이썬에서 제공해주는 내장함수, 필요한 함수를 만들어 사용하는 사용자 정의 함수를 배웠습니다. 또한 자주 사용하는 넘파이(numpy) 라이브러리, 매쓰(math) 라이브러리, 맷플롯립(matplotlib) 라이브러리, 판다스(pandas) 라이브러리에 대해 알아보고 각 라이브러리에서 제공해주는 함수에 대해 실습해 보았습니다.

# UNIT 05 도형 모듈

Problem Solving Python with Basic Math

터틀(turtle) 라이브러리를 사용하면 한붓그리기처럼 거북이 모양의 커서가 움직여 가며 도형을 그릴 수 있습니다. 프로그래밍에 익숙하지 않은 학생들이 시각적으로 프로그램의 수행 결과를 쉽게 확인해 볼 수 있어 흥미롭게 프로그래밍을 진행해 볼 수 있습니다.

## 터틀(turtle) 라이브러리

**01**

터틀(turtle) 라이브러리는 모니터를 돌아다니며 그림을 그리는 모듈로 간단한 도형을 그려볼 수 있습니다. 터틀 라이브러리에서 제공하는 그래픽 함수를 알아보고 다양한 도형을 만들어 보겠습니다.

### ■ 터틀 기본 익히기

터틀을 움직여 가며 그림을 그리는 기능으로 앞, 뒤로 움직일 수 있으며 오른쪽과 왼쪽으로 회전할 수도 있습니다. 터틀을 사용하기 위한 라이브러리 호출은 다음과 같습니다.

> import turtle as 변수명

터틀 라이브러리에서 사용하는 함수들입니다.

| 함수명 | 설명 |
|---|---|
| forward( ) | 지정한 거리만큼 앞으로 이동합니다. |
| backward( ) | 지정한 거리만큼 뒤로 이동합니다. |
| right( ) | 지정한 각도만큼 오른쪽으로 회전합니다. |
| left( ) | 지정한 각도만큼 왼쪽으로 회전합니다. |

지정된 모듈 별칭으로 터틀 라이브러리 모듈을 사용할 수 있게 해줍니다. 별칭은 일반적으로 기억하기 쉬운 t를 많이 사용합니다. 시작 방향은 왼쪽에서 오른쪽입니다.

코드 3-5-1

```
1    import turtle as t
2
3    t.forward(100)
4    t.right(90)
5    t.backward(100)
6    t.left(90)
7    t.done()
```

실행 결과 ⋯

코드 해설 ⋯    3행 : 앞으로 100 만큼 이동합니다.

4행 : 오른쪽으로 90도 회전합니다.

5행 :뒤로 100만큼 이동합니다.

**105**

6행 :왼쪽으로 90도 회전합니다.

7행 : done( ) 함수는 그래픽 화면을 잡아두는 역할로 프로그램을 잠시 멈추게 합니다. 그래픽 화면을 닫기 위해서는 닫기 버튼⊠을 눌러 창을 닫습니다.

### ■ 터틀 모양 바꾸기

pen의 모양을 변경하기 위해 shape( ) 함수를 사용합니다. 기본 모양은 ▶ 화살표이며 shape('모양')을 입력하면 pen 모양을 변경할 수 있습니다.

| 모양 | 속성값 | 모양 | 속성값 |
|---|---|---|---|
| ■ <br> 정사각형 | square | ● <br> 원 | circle |
| ▶ <br> 삼각형 | triangle | 🐢 <br> 거북이 | turtle |

그럼 pen의 모양을 원으로 바꿔보도록 하겠습니다.

코드 3-5-2

```
1   import turtle as t
2
3   t.shape('circle')
4   t.done()
```

실행 결과 ⋯

●

106

코드 해설 ⋯→  3행 : shape( ) 함수를 사용하여 pen의 모양을 원으로 변경합니다.

4행 : done( ) 함수를 사용함으로써 그래픽 화면을 정지합니다. 그래픽 화면을 닫기 위해서는 닫기 버튼⊠을 눌러 창을 닫습니다.

### ■ 터틀 색 지정

터틀의 기본색은 내부, 외부 모두 검은색입니다. 터틀의 색을 변경하기 위해서는 color(색상1, 색상2)를 지정합니다.

코드 3-5-3

```
1   import turtle as t
2
3   t.shape('turtle')
4   t.color('red')
5   t.done()
```

코드 해설 ⋯→  3행 : 터틀 테두리와 내부 모두 빨강색으로 변경합니다.

만약 코드를 t.color('red', 'blue')으로 수정하면 터틀 테두리는 빨강, 내부는 파란색으로 변경됩니다.

5행 : done( ) 함수를 사용함으로써 그래픽 화면을 정지합니다.

## 여러 가지 도형 그려보기

**02**

기본적으로 필요한 그래픽 함수들에 대해 배웠으니 본격적으로 도형을 그려보도록 하겠습니다.

### ■ 정삼각형 그리기

정삼각형은 각 변의 길이가 모두 같은 삼각형을 말하며 모든 내각의 크기가 같습니다. 정삼각형의 세 내각의 합은 180°이고, 한 내각의 크기는 60°입니다.

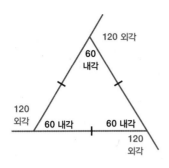

터틀의 기본 방향은 왼쪽에서 오른쪽이므로 밑변을 그린 후 다음 변을 그리기 위해서는 외각의 크기만큼 왼쪽으로 방향을 돌려야 합니다. 이점을 유념하여 터틀을 이용해 정삼각형을 그려보겠습니다.

코드 3-5-4

```
1   import turtle as t
2
3   t.shape('turtle')
4   t.forward(100)
5   t.left(120)
6   t.forward(100)
7   t.left(120)
8   t.forward(100)
9   t.left(120)
10  t.done()
```

실행 결과 ⋯

코드 해설 ⋯

3행 : 커서 모양을 거북이(turtle)로 설정합니다.

4~5행 : 100픽셀만큼 이동 후 왼쪽으로 120도 회전합니다.

6~7행 : 100픽셀만큼 이동 후 왼쪽으로 120도 회전합니다.

8~9행 : 100픽셀만큼 이동 후 왼쪽으로 120도 회전합니다.

10행     : done( ) 함수를 사용함으로써 그래픽 화면을 정지합니다.

같은 명령문이 반복되고 있으므로 반복문을 사용하면 코드를 좀 더 간단하게 작성할 수 있습니다.

코드 3-5-5

```
1   import turtle as t
2
3   t.shape('turtle')
4   for i in range(3):
5       t.forward(100)
6       t.left(120)
7   t.done()
```

10줄이었던 코드가 7줄로 줄었죠? 이렇듯 해결해야 하는 문제를 분석하고 규칙성을 찾는 것은 효율적인 프로그램을 작성하는데 중요한 요소가 됩니다.

### ■ 정사각형 그리기

정사각형은 한 내각의 크기는 90°이므로 직선을 그리고 90°씩 회전하면 됩니다. 처음 그어지는 선을 밑변이라고 생각한다면 왼쪽으로 90°씩 회전하면서 도형을 완성하면 됩니다. 또한 펜의 색깔과 굵기를 바꿔서 도형을 완성해 보겠습니다.

코드 3-5-6

```
1   import turtle as t
2
3   t.shape('turtle')
4   t.color('gray')
5   t.pensize(3)
6   for x in range(4):
7       t.forward(100)
8       t.left(90)
9   t.done( )
```

코드 해설 ···▶

3행 : 커서 모양을 거북이(turtle)로 설정합니다.

4행 : 펜의 색상을 회색으로 변경합니다.

5행 : 펜의 두께를 3으로 변경합니다.

6~8행 : 100픽셀만큼 이동한 후 왼쪽으로 90도 회전을 4번 반복합니다.

9행 : done( ) 함수를 사용함으로써 그래픽 화면을 정지합니다.

### ■ 정오각형 그리기

정오각형 역시 정삼각형, 정사각형과 마찬가지로 그리는 방법은 동일합니다. 단, 한 내각의 크기가 108도 이므로 꼭짓점에서 회전하는 각도가 72도로 달라집니다.

코드 3-5-7

```
1   import turtle as t
2
3   t.shape('turtle')
4   for i in range(5):
5       t.forward(100)
6       t.right(72)
7   t.done()
```

실행 결과 ···▶

코드 해설 ···▶

3행 : 커서 모양을 거북이(turtle)로 설정합니다.

4~6행 : 100픽셀만큼 이동한 후 오른쪽으로 72도 회전을 5번 반복합니다.

9행 : done( ) 함수를 사용함으로써 그래픽 화면을 정지합니다.

## 정다각형 그리기

**03**

이번에는 정다각형을 그리기 위해 정다각형의 각 모서리의 각도를 구해봅시다. 삼각형의 내각의 합은 180°입니다. 이를 이용하여 각 도형의 삼각형 개수를 구하면 그 도형의 내각의 합을 구할 수 있습니다. 삼각형의 개수 × 180° 가 그 도형의 내각의 합이 됩니다. 따라서, 한 각의 크기는 도형의 내각의 합을 변의 수로 나누어 구할 수 있습니다.

> 도형의 내각의 합 : 삼각형의 개수 × 180°
> 한 내각의 크기 : 내각의 합 / 변의 수

| 다각형 | 도형 | 한 내각의 크기 |
|---|---|---|
| 정사각형 | | 삼각형 2개 × 180 = 360<br>한 내각의 크기 : 360 / 4 = 90° |
| 정오각형 | | 삼각형 3개 × 180 = 540<br>한 내각의 크기 : 540 / 5 = 108° |
| 정육각형 | | 삼각형 4개 × 180 = 720<br>한 내각의 크기 : 720 / 6 = 120° |

그런데, 내각과 외각의 관계를 보면 모든 외각의 합은 360도입니다. 따라서, 도형을 그리기 위해서는 '360 / 변의 수' 만큼 회전하면 됩니다.

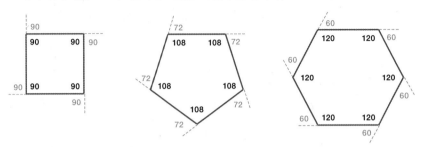

즉, 정사각형은 360 / 4 = 90 도 회전, 정오각형은 360 / 5 = 72 도 회전, 정육각형은 360 / 6 = 60 도 회전하면 됩니다. 키보드로 정수를 입력받아 입력받은 개수의 정다각형을 그리는 프로그램을 사용자 정의 함수를 사용해서 작성해 보겠습니다.

코드 3-5-8

```
1   import turtle as t
2
3   def RegularPolygon(dis, n) :
4       for i in range( n ) :
5           t.forward( dis )
6           t.right( 360/n )
7       t.done()
8
9   angle = int( input('몇 각형을 그리시고 싶으세요? : ') )
10  RegularPolygon(100, angle)
```

실행 결과 ⋯

몇 각형을 그리고 싶으세요? : 3 [Enter]

코드 해설 ⋯

3행 : 사용자 정의 함수 RegularPolygon()을 선언하고 매개변수로 dis와 n을 사용합니다.

4행 : 매개변수 n에 전달받은 인수만큼 5~6행을 반복해 다각형을 그립니다.

5행 : 매개변수 dis에 전달받은 인수인 100만큼 선을 그립니다.

6행 : 다각형의 외각을 계산하여 외각만큼 터틀을 오른쪽으로 회전시킵니다.

7행 : 터틀 그리기를 종료합니다.

9행 : 입력받은 숫자를 정수(int) 값으로 변환하여 angle에 저장합니다.

10행 : RegularPolygon( ) 함수를 호출하고 전달 인자값으로 변의 길이 100과 angle 값을 전달합니다.

## 별 그리기

**04**

정다각형을 응용하여 별을 그려보겠습니다. 아래 단계로 진행하면 그릴 수 있습니다.

- **1단계** : 오각형 별의 각 변의 길이를 100으로 설정합니다.
- **2단계** : 별의 꼭짓점에서는 72도를 오른쪽으로 두 번 회전합니다.
- **3단계** : 다음 지점에서는 72도를 왼쪽으로 회전합니다.

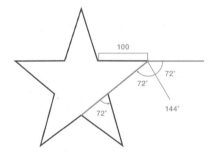

코드 3-5-9

```
1   import turtle as t
2   n = 5
3   t.shape('turtle')
4   for i in range(n) :
5       t.forward(100)
6       t.right((360 / n) * 2)
7       t.forward(100)
8       t.left(360 / n)
9   t.done()
```

113

## 원 그리기

**05**

circle( ) 함수를 이용하여 손쉽게 원을 그릴 수 있습니다.

코드 3-5-10

```
1   import turtle as t
2   t.shape('turtle')
3   t.color('blue')
4   t.pensize(5)
5   t.circle(50)
6   t.dot(100, 'red')
7   t.done()
```

실행 결과 ⋯▸

코드 해설 ⋯▸ 5행 : 반지름이 50픽셀인 원을 반시계 방향으로 그립니다.

6행 : dot( ) 함수는 터틀을 중심으로 점을 그려줍니다. 따라서 현재 터틀 위치를 중심으로 한 지름 100픽셀의 점을 그리고 빨간색으로 내부를 채웁니다.

원을 반복해서 그리면서 나만의 그림을 그려봅시다.

코드 3-5-11

```
1  import turtle as t
2  n = 50
3  t.color('green')
4  t.speed(0)
5  for x in range(n) :
6      t.circle(80)
7      t.left(360/n)
8  t.done()
```

실행 결과 ⋯▸

코드 해설 ⋯▸ 4행 : speed( ) 값을 지정하지 않으면 기본값인 6을 사용합니다.

| 속도값 | 의미 |
| --- | --- |
| 0 | 가장 빠른 |
| 1 | 가장 느린 |
| 3 | 느린 |
| 6 | 보통, 기본값 |
| 10 | 빠른 |

5~7행 : 0부터 49까지 총 50회 반복합니다.

변수, 입출력, 반복문과 터틀(turtle) 라이브러리를 사용하여 도형을 그려보았습니다. 도형 그리기 프로그램을 작성함으로써 파이썬의 기본 문법뿐만 아니라 도형의 개념을 확실하게 이해했으리라 생각합니다. 지금까지 파이썬으로 프로그램을 작성하기 위한 기본적으로 알아야 하는 문법에 대해 학습하였습니다. 이제 본격적으로 수학적인 개념을 프로그래밍해 보도록 하겠습니다.

chapter

# 4

# 수와 연산 코딩

파이썬 언어를 사용하여 수학 개념과 공식을 프로그래밍 할 준비가 되었습니다. 초등학교 시절을 잠시 떠올려 보면 0부터 9까지 수의 개념을 배운 다음 더하기, 빼기, 곱하기, 나누기와 같은 사칙연산을 학습했을 것입니다. 코딩도 마찬가지입니다. 앞서, 컴퓨터에서 사용하는 2진수와 파이썬의 기초를 배웠습니다. 지금부터는 컴퓨터에서 연산하는 방법을 배우게 됩니다. 총점과 평균, 최대공약수와 최소공배수, 소수와 소인수분해, 절댓값, 거듭제곱 등의 개념을 정리하고, 파이썬 언어를 사용하여 프로그램으로 작성해 보겠습니다.

# 총점과 평균

Problem Solving Python with Basic Math

사칙연산은 더하기, 빼기, 곱하기 그리고 나누기를 의미하며, 이를 이용하면 총점과 평균을 구할 수 있습니다. 총점이란 모든 데이터를 더한 값이고, 평균은 총점을 데이터의 개수로 나눈 값입니다. 만약, 3개의 데이터가 40, 25, 55라면 총점은 120이고 평균은 40이 됩니다.

---

- **데이터 개수**    3
- **데이터 값**    40, 25, 55
- **총점**    40 + 25 + 55 = 120
- **평균**    120 ÷ 3 = 40

---

40, 25, 55의 총점과 평균을 구하는 프로그램을 파이썬으로 구현해 봅시다.

총점과 평균을 구하기 위해서는 3개의 숫자형 변수를 사용하는 방법과 1개의 리스트형 변수를 활용하는 방법이 있습니다. 또는 input( ) 함수를 사용하여 사용자로부터 데이터를 직접 입력받아 총점과 평균을 구할 수도 있습니다.

## 숫자형 변수

3개의 숫자형 변수를 활용하여 40, 25, 55의 총점과 평균을 구하는 프로그램을 파이썬으로 구현해 보겠습니다.

코드 4-1-1

```
1    data1 = 40          # 첫 번째 데이터
2    data2 = 25          # 두 번째 데이터
3    data3 = 55          # 세 번째 데이터
4    total = 0           # 총점
5    avr = 0             # 평균
6
7    print("주어진 데이터는", data1, data2, data3, "입니다.") # 데이터 출력
8
9    total = data1 + data2 + data3   # 총점 구하기
10   avr = total / 3                 # 평균 구하기
11
12   print("총점은", total, "이고, 평균은", avr, "입니다.") # 총점, 평균 출력
```

실행 결과 ⋯⋯▸

주어진 데이터는 40 25 55 입니다.
총점은 120 이고, 평균은 40.0 입니다.

코드 해설 ⋯⋯▸

1~3행 : 변수 data1, data2, data3에 40, 25, 55를 각각 저장합니다.

| 40 | 25 | 55 |
| data1 | data2 | data3 |

4~5행 : 총점을 저장할 변수 total에 0을, 평균을 저장할 변수 avr에 0을 저장합니다.

| 0 | 0 |
| total | avr |

변수가 생성 되면 이곳에 원하지 않은 값이 저장되어 있을 수도 있기 때문
에 정확한 계산을 위해 0으로 초기화 합니다.

7행 : 변수 data1, data2, data3에 저장된 값인 40, 25, 55가 출력됩니다.

9행 : 3개의 데이터를 덧셈 연산한 후, 그 결괏값을 변수 total에 저장합니다.

total = data1 + data2 + data3
total = 40 + 25 + 55
total = 120

| 0 | → | 120 |
| total | | total |

결괏값 120이 변수 total의 값으로 저장됩니다.

10행 : 변수 total을 데이터의 개수인 3으로 나눈 결괏값을 변수 avr에 저장합니다.

avr = total ÷ 3

avr = 120 ÷ 3

avr = 40.0

$$0 \rightarrow 40.0$$
avr      avr

결괏값인 40.0이 변수 avr의 값으로 저5장됩니다.

12행 : 총점(total)과 평균(avr)에 저장된 값을 출력합니다.

이렇듯 40, 25, 55를 숫자형 변수 data1, data2, data3에 각각 저장하고 이 세 값을 모두 더하면 총점(total)이 구해집니다. 마찬가지로, 구해진 총점(total)을 데이터 개수 3으로 나누면 평균(avr)을 구할 수 있습니다.

## 리스트형 변수

**02**

3개의 값(40, 25, 55)을 하나의 리스트형 변수에 저장하여 총점과 평균을 구하는 프로그램을 파이썬으로 구현해 보겠습니다. 리스트는 여러 개의 값을 대괄호([ ])로 묶어 반복문(for)과 함께 편리하게 사용할 수 있는 자료형입니다. 3장 〈파이썬의 기초〉에서 자세히 다루었으니 잘 생각이 나지 않는다면 다시 복습하기 바랍니다.

코드 4-1-2

```
1   data = [40, 25, 55]          # 3개의 데이터
2   total = 0                    # 총점
3   avr = 0                      # 평균
4
5   print("주어진 데이터는", data, "입니다.")  # 데이터 출력
6
7   for i in data :              # 데이터의 값을 1개씩 가져와서 반복
8       total = total + i        # 총점에 데이터 누적
9
10  avr = total / 3              # 평균 구하기
11
12  print("총점은", total, "이고 평균은", avr, "입니다.") # 총점, 평균 출력
```

실행 결과 ⋯▸

주어진 데이터는 [40, 25, 55] 입니다.
총점은 120 이고 평균은  40.0 입니다.

코드 해설 ⋯▸ 1~3행 : data 변수에 3개의 숫자 데이터를 차례로 저장하고, total과 avr에는 각각
0을 저장합니다.

7~8행 : 변수 i에 리스트 data의 첫 번째 요소인 40이 대입되어 8행 명령을 수행합
니다.

total = total + i
total = 0 + 40
total = 40

결괏값 40이 변수 total에 저장된 후, 변수 i에 리스트 data의 두 번째 요
소인 25가 대입되어 8행 명령을 수행합니다.

total = total + i
total = 40 + 25
total = 65

| 40 | ➡ | 65 |
| :--: | :--: | :--: |
| total | | total |

결괏값 65가 변수 total에 저장된 후, 변수 i에 리스트 data의 세 번째 요
소인 55가 대입되어 8행 명령을 수행합니다.

total = total + i
total = 65 + 55
total = 120

| 65 | ➡ | 120 |
| :--: | :--: | :--: |
| total | | total |

최종 결괏값 120이 변수 total에 저장됩니다.

리스트 변수 data에 저장된 40, 25, 55 값을 반복문(for)을 이용하여 하나씩 차례
로 변수 i로 가져옵니다. 이렇게 가져온 i값을 총점(total)에 차례로 누적하여 저장

하고, 앞의 예제와 마찬가지로 3으로 나누면 평균(avr)을 구할 수 있습니다. 리스트 변수를 사용하면 3개의 변수(data1, data2, data3)대신 하나의 리스트 변수(data)를 사용할 수 있어 코딩을 편리하게 할 수 있는 장점이 있습니다.

## input( )함수를 이용한 데이터 입력

이번에는 좀 더 특별한 방법으로 데이터를 입력받는 방법을 알려드릴까 합니다. 지금까지는 정해진 데이터의 총점과 평균을 구했지만, 현실 세계에서의 데이터는 매번 달라집니다. 그래서, 프로그램 사용자로부터 키보드를 통해 데이터를 입력받아 총점과 평균을 구해보고자 합니다. 데이터를 입력받기 위해 앞서 배운 input( )함수를 사용해 보겠습니다.

코드 4-1-3

```
1    data = 0                        # 데이터
2    total = 0                       # 총점
3    avr = 0                         # 평균
4
5    for i in range(3) :             # 0부터 2까지 3회 반복
6        data = int(input("정수를 입력하세요 : "))
7        total = total + data        # 총점에 데이터 누적
8
9    avr = total / 3                 # 평균 구하기
10
11   print("총점은 ", total, "이고 평균은 ", avr, "입니다.")
```

실행 결과 ···

```
정수를 입력하세요 : 40
정수를 입력하세요 : 25
정수를 입력하세요 : 55
총점은 120 이고 평균은  40.0 입니다.
```

코드 해설 ···

5행 : 변수 i에 0, 1, 2의 값이 차례로 저장되면서 6~7행의 명령을 3회 반복합니다.

6행 : input( ) 함수는 키보드로 문자열이 입력됩니다. 입력된 값은 int( ) 함수에  의

122

해 정수형으로 변환된 후, 변수 data에 저장됩니다. 즉, input으로 입력받은 값은 숫자 데이터일지라도 컴퓨터에는 문자열로 저장됩니다. 그래서 저장된 문자열을 정수형 데이터로 변환하기 위해서는 int( )함수를 사용해야 합니다.

7행 : 변수 total에 입력받은 값을 더하여 변수 total에 다시 저장합니다.

input( ) 함수를 활용하여 데이터를 입력받아 총점(total)과 평균(avr)을 구해보았습니다. 총점과 평균을 구하는 알고리즘은 동일하며 데이터를 입력받고 저장하는 방식만 차이가 나므로 input( ) 함수와 int( ) 함수를 잘 기억하여 활용하길 바랍니다.

문제 해결하기 ···▶

## 수학 점수의 반 총점과 반 평균을 구한 후, 자신의 점수와 비교하기

> 영우는 수학 시험에서 85점을 받았고, 다음 시험을 더 잘 보기 위해서 자신의 수학 성적을 분석하고 싶어졌다. 그래서, 반 평균 점수와 자신의 점수를 비교하기 위해서 파이썬 프로그램을 작성하려고 한다.

영우의 궁금증을 파이썬 프로그램으로 해결해 보겠습니다. 앞서 변수라는 개념을 배웠지요? 문제를 해결하는데 필요한 변수를 선언합니다.

· 반 전체 인원수          : count          · 반 전체의 수학 점수 총점  : total
· 반 전체 학생의 수학 점수 : score          · 반 전체의 수학 점수 평균  : avr
· 자신의 수학 점수         : my_score

문제를 해결하는 과정은 6단계로 구분할 수 있습니다.

- **1단계** : 학생 수를 입력합니다.
- **2단계** : 입력받은 학생 수만큼 수학 점수를 입력합니다.
- **3단계** : 총점을 구합니다.
- **4단계** : 평균을 구합니다.
- **5단계** : 자신의 수학 점수를 입력합니다.
- **6단계** : 자신의 점수가 반 평균 이상이면 '반 평균 점수 이상'을 출력하고, 낮으면 '반 평균 점수 미만'을 출력합니다.

이를 순서도로 표현해 보면 다음과 같습니다.

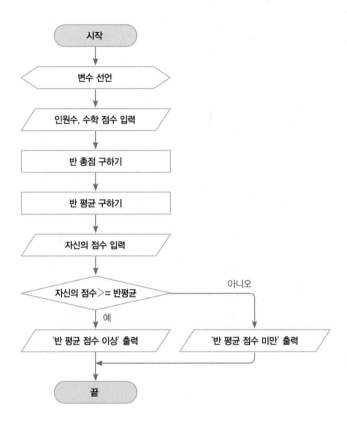

프로그램 시작 ➡ 변수 선언 ➡ 문제 해결 과정 6단계 ➡ 프로그램 종료

순서도를 바탕으로 반 평균과 자신의 점수를 비교하는 프로그램을 작성해 보겠습니다.

코드 4-1-4

```
1   count = 0          # 반 전체 인원수
2   total = 0          # 총점
3   avr = 0            # 평균
4   my_score = 0       # 내 수학 점수
5
6   count = int(input("반 전체 인원수를 입력해 주세요 : "))  # 전체 인원수 입력
7
8   for n in range(count) :                          # 전체 인원수 만큼 반복
9       score = int(input("수학 점수를 입력하세요 : "))    # 수학 점수 입력
10      total = total + score                        # 입력한 점수를 총점에 누적
11
12  avr = total / count                              # 평균 구하기
13
14  print("수학 점수의 총점은", total, "점이고 평균 점수는", avr, "점입니다.")
15
16  my_score = int(input("자신의 수학 점수를 입력하세요 : "))  # 내 점수 입력
17
18  if my_score >= avr:
19      print("당신의 점수는 반 평균 점수 이상입니다.")
20  else :
21      print("당신의 점수는 반 평균 점수 미만입니다.")
```

실행 결과 ⋯▸

```
반 전체 인원수를 입력해 주세요 : 5
수학 점수를 입력하세요 : 90
수학 점수를 입력하세요 : 88
수학 점수를 입력하세요 : 75
수학 점수를 입력하세요 : 100
수학 점수를 입력하세요 : 64
수학 점수의 총점은 417 점이고 평균 점수는 83.4 점입니다.
자신의 수학 점수를 입력하세요 : 90
당신의 점수는 반 평균 점수 이상입니다.
```

코드 해설 ⋯▸    6행      : 반 전체 인원수를 입력합니다. input( )함수를 사용하면 입력받은 값을 정
                        수형으로 변환하여 저장합니다.

            8~10행  : 반 학생의 수학 점수를 한 명씩 입력하여 변수 total에 누적합니다. 반 전
                        체 인원수만큼 반복하므로 total 값은 수학 점수의 총점이 됩니다.

            12행     : 총점을 반 전체 인원수로 나눠 평균을 구합니다.

14행 : 반 전체 수학 점수의 총점과 평균을 출력합니다.

16행 : 자신의 수학 점수를 my_score 변수에 저장합니다.

18~21행 : 점수(my_score)가 평균 이상이면 '당신의 점수는 반 평균 점수 이상입 니다.'를 출력하고 그렇지 않으면, '당신의 점수는 반 평균 점수 미만입니 다.'를 출력합니다.

이번 단원에서는 연산을 이용하여 총점과 평균을 구하는 방법을 알아보았습니다. 컴 퓨터 프로그래밍에서 사용하는 자료형은 좀 더 다양하지만, 여기서는 정수형 변수와 리스트형 변수를 사용하여 연산을 해보았습니다. 또, 리스트형 변수와 반복문을 활 용하면 더 쉽게 코딩할 수 있는 방법을 경험해 보았습니다. 그리고 데이터를 키보드 로 입력받기 위해 input( )함수도 사용해 보았습니다. 앞으로도 수학에서 배웠던 다 양한 문제를 파이썬 프로그램을 익혀가며 해결해 보도록 하겠습니다.

# UNIT 02 최대공약수

*Problem Solving Python with Basic Math*

최대공약수의 개념을 이해하기 위해서는 먼저 약수의 개념부터 알고 있어야 합니다. 약수는 어떤 수를 나누어 떨어지게 하는 수를 말합니다. 예를 들어 6은 1, 2, 3, 6으로 나누어 떨어집니다. 따라서 6의 약수는 1, 2, 3, 6입니다. 또 10은 1, 2, 5, 10으로 나누어 떨어지므로 1, 2, 5, 10은 모두 10의 약수입니다.

> ※ 약수
>
> 어떤 수를 나누어 떨어지게 하는 수입니다.
> 예 6의 약수는 1, 2, 3, 6입니다.
>   10의 약수는 1, 2, 5, 10입니다.

6의 약수와 10의 약수를 비교해보면 1과 2가 공통으로 있는 것을 발견할 수 있습니다. 이런 경우의 1과 2를 6과 10의 공약수라고 합니다. 즉, 공약수란 두 개 이상의 자연수의 공통된 약수입니다. 공약수 중 가장 큰 수를 최대공약수라고 합니다. 따라서 6과 10의 최대공약수는 2가 됩니다.

> ※ 공약수와 최대공약수
>
> 공약수는 두 개 이상의 자연수의 공통된 약수이고, 최대공약수는 공약수 중 가장 큰 수입니다.
> 예 6과 10의 공약수는 1, 2입니다.
>   6과 10의 최대공약수는 2입니다.

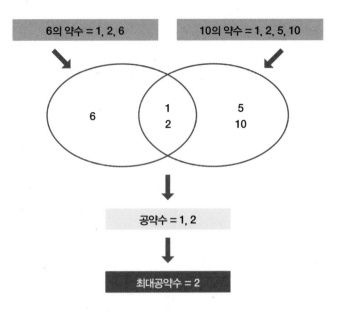

| 6의 약수 = 1, 2, 6 | 10의 약수 = 1, 2, 5, 10 |
|---|---|

| 6 | 1 2 | 5 10 |

공약수 = 1, 2

최대공약수 = 2

또한 공약수가 숫자 1만 있는 경우 두 자연수는 서로소라고 합니다.

---

※ 서로소

공약수가 1뿐인 자연수입니다.

예 9의 약수는 1, 3, 9입니다.
  14의 약수는 1, 2, 7, 14입니다.
  9와 14의 공약수는 1입니다.
  9와 14는 서로소입니다.

---

8과 12의 공약수와 최대공약수를 구해보겠습니다. 8의 약수는 1, 2, 4, 8이고, 12의 약수는 1, 2, 3, 4, 6, 12입니다. 8과 12의 공약수는 1, 2, 4이고, 그 중 가장 큰 값인 4가 최대공약수입니다.

---

8의 약수 : 1, 2, 4, 8
12의 약수 : 1, 2, 3, 4, 6, 12
8, 12의 공약수 : 1, 2, 4
8, 12의 최대공약수 : 4

---

약수, 공약수, 최대공약수가 잘 이해되었나요? 프로그래밍을 통해 이 개념들을 다시 한번 확인해 보겠습니다.

# 약수

8의 약수를 출력하는 프로그램을 작성해 보겠습니다.

코드 4-2-1

```
1   for n in range(1, 9) :        # n의 값을 1부터 8까지 1씩 증가하며 반복
2       if 8 % n == 0 :           # 8을 n으로 나누어 떨어지면(n이 8의 약수이면)
3           print(n)              # n 출력
```

실행 결과 ···

```
1
2
4
8
```

코드 해설 ···

1행 : 8의 가장 큰 약수는 8이므로 range(1, 9)를 사용합니다. n의 값을 1부터 8까지 1씩 증가시키며 2행을 실행합니다.

2행 : 8을 n으로 나누어 나머지가 0이면 3행을 실행합니다.

3행 : 8의 약수인 n을 출력합니다.

이번에는 12의 약수를 출력하는 프로그램을 작성해 보겠습니다.

코드 4-2-2

```
1   for n in range(1, 13) :       # n의 값을 1부터 12까지 1씩 증가하며 반복
2       if 12 % n == 0 :          # 12를 n으로 나누어 떨어지면(n이 12의 약수이면)
3           print(n)              # n 출력
```

실행 결과 ⋯

```
1
2
3
4
6
12
```

코드 해설 ⋯    1행 : 12의 가장 큰 약수는 12이므로 range(1, 13)을 사용합니다. n의 값을 1부터

12까지 1씩 증가시키며 2행을 실행합니다.

2행 : 12를 n으로 나누어 나머지가 0이면 3행을 실행합니다.

3행 : 12의 약수인 n을 출력합니다.

자연수 n의 약수는 n을 나누어 떨어지게 하는 수이며 모든 자연수 n의 약수는 n보
다 클 수 없습니다. 나머지 값을 반환해 주는 연산자인 %를 이용해 약수를 찾는 프
로그램을 작성해 보았습니다.

## 공약수

8과 12의 공약수를 출력하는 프로그램을 작성해 보겠습니다.

코드 4-2-3

```
1   for n in range(1, 9) :           # n은 1부터 8까지 1씩 증가하며 반복
2     if 8 % n == 0 and 12 % n == 0 :   # n이 8과 12의 공약수이면
3       print(n)                     # n 출력
```

실행 결과 ⋯

```
1
2
4
```

코드 해설 ⋯    1행 : 8과 12의 공약수는 2, 4, 6, 8입니다. 두 수의 공약수 중 가장 큰 수는 8입니다.

따라서 range(1, 9)를 사용하여 n은 1부터 8까지 1씩 증가시키며 2행을 실행

합니다.

2행 : 8을 나눈 나머지가 0이고, 12를 나눈 나머지도 0이 되도록 하는 수 n은 8과
12의 공약수가 됩니다.

3행 : 8과 12의 공약수인 n을 출력합니다.

공약수는 두 개 이상의 자연수의 공통된 약수로 8과 12의 공약수를 찾아보았습니
다. 8과 12의 공약수 중에서 8을 초과하는 수는 없으므로 for 문의 반복은 8까지만
실행합니다. 즉, 공약수는 대상이 되는 수 중에서 가장 작은 수를 초과할 수 없습
니다.

## 최대공약수

8과 12의 최대공약수를 구하는 프로그램을 작성해 보겠습니다.

코드 4-2-4

```
1    for n in range(1, 9) :           # n은 1부터 8까지 1씩 증가하며 반복
2        if 8 % n == 0 and 12 % n == 0 :
3            GCD = n
4
5    if GCD == 1 :
6        print("서로소")
7    else :
8        print("최대공약수 =", GCD)
```

실행 결과 ⋯▸

최대공약수 = 4

코드 해설 ⋯▸

1~3행 : GCD의 값을 살펴보면 맨 처음 1은 8과 12 두 수 모두 나머지 값이 0이
므로 GCD에 저장됩니다. 두 번째 수인 2도 나머지 값이 0이므로 GCD의
값으로 2가 저장되어 변경됩니다. 그다음 수인 3은 8의 약수가 아니므로
저장되지 않고 그다음 수인 4는 두 수의 약수이므로 GCD의 값은 4로 변
경됩니다. 5, 6, 7, 8은 모두 공약수가 아니므로 변수 GCD에 저장된 최종
값은 4가 됩니다.

131

5~6행 : GCD 값이 1이면 공약수가 1뿐인 경우이므로 두 수는 서로소입니다.

7~8행 : GCD 에 저장된 최종값(최대공약수)을 출력합니다.

최대공약수는 공약수 중에 가장 큰 값이므로 가장 나중에 구해지는 공약수가 최대공약수가 되는 원리를 이용하여 프로그램을 작성해 보았습니다. 고정된 수가 아니라 변하는 수나 입력받은 수를 이용하여 공약수를 구하려고 할 때는 변수를 이용하는것이 편리합니다. 이번에는 변수 a, b를 사용하여 9와 14의 최대공약수를 구해보겠습니다. 또한, range( )에 들어갈 최댓값, 즉 반복 횟수를 결정하기 위한 코드도 추가하겠습니다. 코드가 복잡해진 것 같지만 반복 횟수를 결정하기 위한 알고리즘이 추가된 것뿐입니다.

코드 4-2-5

```
1    a = 9
2    b = 14
3
4    if a < b :                    # 반복 횟수 결정
5        num = a
6    else :
7        num = b
8
9    for n in range(1, num+1) :    # 최대공약수 찾기
10       if a % n == 0 and b % n == 0 :
11           GCD = n
12
13   if GCD == 1 :
14       print("서로소")
15   else :
16       print("최대공약수 = ", GCD)
```

서로소

1행　　　: 자연수 9를 변수 a에 저장합니다.

2행　　　: 자연수 14를 변수 b에 저장합니다.

4~7행　: 9와 14 중 더 작은 수인 9를 변수 num의 값으로 정합니다. 9와 14의 공약수는 9보다 클 수 없습니다. 즉, 두 수 a, b의 공약수는 1부터 두 수 중 작은 수까지의 범위에 있습니다.

9~11행 : n의 값을 1에서 num까지 증가시키며 반복합니다. n이 a와 b의 공약수이면 그 값을 변수 GCD에 저장합니다. 반복이 끝나면 변수 GCD에는 최대공약수가 저장되어 있습니다.

13~16행 : GCD가 1이면 최대공약수가 1이므로 두 수는 서로소 입니다. 서로소가 아닌 경우에 최대공약수 GCD 값을 출력합니다.

위의 프로그램에서 9~11행 코드를 조금 수정해보겠습니다.

```
for n in range(num, 0, -1) :
    if a % n == 0 and b % n == 0 :
        GCD = n
        break
```

for 문에서 range( ) 부분을 변경해 보았습니다. n의 값을 num에서 1까지 1씩 감소시키면서 반복합니다. 이렇게 바꾸면 어떤 차이가 있을까요? 최대공약수는 공약수 중에 가장 큰 공약수이므로 처음으로 구해진 공약수가 최대공약수가 됩니다. 처음 찾은 공약수를 GCD에 저장하고 break 명령어로 반복문을 종료하면 더 빨리 최대공약수를 구할 수 있습니다.

120과 180의 최대공약수를 구해보겠습니다.

먼저 수학 공식으로 계산을 해보면 다음과 같습니다.

$$2 \overline{)\ 120 \quad 180}$$
$$60 \qquad 90$$

- 120, 180의 공약수 중 1을 제외하고 가장 작은 수인 2로 나눕니다.
- 120과 180을 2로 나눈 몫인 60과 90을 위의 보기처럼 적어줍니다.

$$2 \overline{)\ 120 \quad 180}$$
$$2 \overline{)\ 60 \quad 90}$$
$$30 \qquad 45$$

- 60, 90의 공약수 중 1을 제외하고 가장 작은 수인 2로 나눕니다.
- 60과 90을 2로 나눈 몫인 30과 45를 위의 보기처럼 적어줍니다.

$$2 \overline{)\ 120 \quad 180}$$
$$2 \overline{)\ 60 \quad 90}$$
$$3 \overline{)\ 30 \quad 45}$$
$$10 \qquad 15$$

- 30, 45의 공약수 중 1을 제외하고 가장 작은 수인 3으로 나눕니다.
- 30과 45를 3으로 나눈 몫인 10과 15를 위의 보기처럼 적어줍니다.

$$2 \overline{)\ 120 \quad 180}$$
$$2 \overline{)\ 60 \quad 90}$$
$$3 \overline{)\ 30 \quad 45}$$
$$5 \overline{)\ 10 \quad 15}$$
$$2 \qquad 3$$

- 10, 15의 공약수 중 1을 제외하고 가장 작은 수인 5로 나눕니다.
- 10과 15를 5로 나눈 몫인 2와 3을 위의 보기처럼 적어줍니다.
- 5는 2 또는 3보다 크므로 반복을 종료합니다.

$$\text{최대공약수} = 2 \times 2 \times 3 \times 5$$
$$= 60$$

위의 과정에서 두 수 120과 180을 각각 a, b로, 나누는 공약수를 n으로, 공약수의 누적 곱을 GCD라고 정하고 표로 정리해 보았습니다.

|  | 준비 | 1회 | 2회 | 3회 | 4회 |
|---|---|---|---|---|---|
| a | 120 | 60 | 30 | 10 | 2 |
| b | 180 | 90 | 45 | 15 | 3 |
| n | 2 | 2 | 2 | 3 | 5 |
| GCD | 1 | 1×2 | 1×2×2 | 1×2×2×3 | 1×2×2×3×5 |

표를 잘 살펴보면 1이 아닌 n의 값이 두 수 a, b의 공약수인 경우는 변수 GCD에 n을 곱합니다. a와 b를 n으로 나누고 그 몫을 다시 a와 b의 값으로 정합니다. 그리고 두 수 a, b의 공약수인 n을 찾아 같은 과정을 반복하면서 n의 값이 두 수 a, b 중 어느 한 개보다 큰 경우에 반복을 종료합니다. 반복이 종료된 후 GCD의 값이 두 수 a, b의 최대공약수입니다. 위와 같이 수학에서 최대공약수를 구하는 방법을 적용하여 파이썬 프로그램을 작성해 보겠습니다.

코드 4-2-6

```
1    a = 120                              # 변수 a에 120 저장
2    b = 180                              # 변수 b에 180 저장
3    n = 2                                # 두 수 a, b를 나누는 수에 2 저장
4    GCD = 1                              # a, b의 최대공약수가 저장될 변수
5
6    while 1 :
7        if n > a or n > b :              # n이 두 수 a, b 중 어느 것보다 큰 경우
8            break                        # 반복을 종료함
9
10       if a % n == 0 and b % n == 0 :   # n이 a와 b의 공약수인 경우
11           GCD = GCD * n                # GCD에 공약수를 누적해서 곱함
12           a = a / n                    # a를 공약수 n으로 나눈 몫이 a의 값이 됨
13           b = b / n                    # b를 공약수로 n으로 나눈 몫이 b의 값이 됨
14       else :                           # n이 a와 b의 공약수가 아닌 경우
15           n  = n + 1                   # 나누려는 수를 1 증가함
16
17   if GCD == 1 :                        # GCD 값이 1인 경우
18       print("서로소")                   # "서로소" 출력
19   else :                               # GCD 값이 1이 아닌 경우
20       print("최대공약수 = ", GCD)        # 최대공약수인 GCD 값 출력
```

실행 결과 ···

최대공약수 = 60

코드 해설 ···

3행 : n은 두 수를 나누는 수이며 초깃값으로 2를 저장합니다.

4행 : GCD는 두 수의 최대공약수를 저장할 변수입니다. 1은 모든 수의 공약수이므로 1을 최대공약수로 주고 시작합니다.

6행 : 7~15행을 무한 반복합니다.

7~8행    : 두 수 a, b를 나누려는 수 n이 두 수 중 어느 한 개보다 크다면 반복을
         종료합니다.

10~13행  : n의 값이 두 수 a, b를 나누어 나머지가 모두 0인 경우입니다. 변수
         GCD에 n을 곱하고 a, b의 값을 n으로 나눈 몫으로 변경합니다.

14~15행  : n의 값으로 두 수 a, b를 나누어 떨어지지 않으면 n의 값을 1만큼 증가
         시킵니다.

17~18행  : GCD가 1이면 최대공약수가 1이므로 두 수는 서로소 입니다.

19~20행  : 서로소가 아닌 경우에 최대공약수인 GCD 값을 출력합니다.

파이썬 언어로 최대공약수를 구하는 단순한 방법부터 복잡한 방법까지 학습하였습
니다.

문제 해결하기 ···▶   ## 사탕과 초콜릿을 똑같이 나누어 담기

마트에서 사탕과 초콜릿을 각각 4박스씩 샀다. 1박스에 사탕은 12개가 들어있고, 초콜릿은
15개가 각각 들어있다. 사탕과 초콜릿을 섞어 봉지에 다시 담으려 한다. 봉지에는 똑같은 개
수의 사탕과 초콜릿을 넣을 생각이다. 봉지의 개수를 최대로 하려면, 한 봉지에 넣을 사탕과
초콜릿의 개수는 각각 몇 개일까?(단, 사탕과 초콜렛을 남기지 않고 모두 넣어야 한다.)

사탕은 1박스에 12개씩 들어있고 4박스가 있으므로 모두 48개입니다. 초콜릿은 1
박스에 15개씩 들어있는 4박스가 있으므로 60개입니다. 이 문제는 결국 두 수 48과
60의 최대공약수를 구하는 문제입니다.

$$사탕의 개수 = 4 \times 12$$
$$= 48개$$

$$초콜릿의 개수 = 4 \times 15$$
$$= 60개$$

```
        48의 약수 ──────▶ 1, 2, 3, 4, 6, 8, 12, 16, 24, 48

        60의 약수 ──────▶ 1, 2, 3, 4, 5, 6, 10, 12, 15, 20, 30, 60

   48과 60의 공약수 ──────▶ 1, 2, 3, 4, 6, 12

 48과 60의 최대공약수 ──────▶ 12
```

48과 60의 최대공약수가 12이므로 12개의 봉지를 준비하면 됩니다. 1개의 봉지에
넣을 사탕과 초콜릿의 개수는 각각의 개수를 최대공약수로 나눈 몫이 됩니다.

$$봉지에\ 넣을\ 사탕의\ 개수 = 48 \div 12$$
$$= 4$$

$$봉지에\ 넣을\ 초콜릿의\ 개수 = 60 \div 12$$
$$= 5$$

봉지 12개를 준비하고, 봉지에 사탕 4개와 초콜릿 5개씩을 담으면 됩니다.

문제가 이해되셨으면 이제 프로그램을 작성해 보겠습니다. 우선, 프로그램에서 필요
한 변수를 선언합니다.

```
· 사탕 박스       : candy
· 사탕 개수       : n_candy
· 최대공약수      : GCD
· 초콜릿 박스     : chocolate
· 초콜릿 개수     : n_chocolate
```

문제를 해결하는 과정은 4단계로 구분할 수 있습니다.

• **1단계** : 사탕 개수와 초콜릿 개수를 구합니다.
• **2단계** : 사탕 개수와 초콜릿 개수의 최대공약수를 구합니다.

- **3단계** : 필요한 봉지의 수를 출력합니다.
- **4단계** : 봉지 안에 들어가는 사탕과 초콜릿의 개수를 계산하여 출력합니다.

만들고자 하는 프로그램을 순서도로 표현해 보겠습니다.

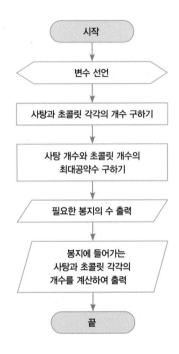

순서도를 바탕으로 한 봉지에 넣을 사탕과 초콜릿 개수를 계산해 주는 프로그램을
작성해 보겠습니다.

코드 4-2-7

```
1    candy = 0              # 사탕 박스
2    chocolate = 0          # 초콜릿 박스
3    n_candy = 0            # 사탕 개수
4    n_chocolate = 0        # 초콜릿 개수
5    GCD = 0                # 최대공약수
6
7    candy = int(input("사탕 박스의 수를 입력 : "))
8    chocolate = int(input("초콜릿 박스의 수를 입력 : "))
9
10   n_candy = candy * 12              # 사탕 개수=박스의 수*박스당 사탕 개수(12)
11   n_chocolate = chocolate * 15     # 초콜릿 개수=박스의 수*박스당 초콜릿 개수(15)
```

```
12
13   if n_candy < n_chocolate :   # 사탕과 초콜릿의 개수 중 작은 값을 num에 저장
14       num = n_candy
15   else :
16       num = n_chocolate
17
18   for n in range(1, num+1) :          # n의 값을 1에서 num까지 반복
19       if n_candy % n == 0 and n_chocolate % n == 0 : # n이 공약수 이면
20           GCD = n                     # GCD에 n의 값을 저장
21
22   print("봉지는", GCD, "개가 필요하고")
23   print("사탕", int(n_candy/GCD), "개와 초콜릿", int(n_chocolate/GCD), "개를
     넣습니다.")
```

실행 결과 ···›

사탕 박스의 수를 입력 : 4
초콜릿 박스의 수를 입력 : 4
봉지는 12 개가 필요하고
사탕 4 개와 초콜릿 5 개를 넣습니다.

코드 해설 ···›

7~8행 : input( )함수로 사탕과 초콜릿 박스의 수를 입력받습니다. int( )함수
를 이용하여 입력받은 값을 정수형으로 변환합니다. 변수 candy와
chocolate에 각각 저장합니다.

10~11행 : 사탕과 초콜릿의 개수를 구해 변수 n_candy와 n_chocolate에 각각
저장합니다.

사탕과 초콜릿의 개수는 박스의 수 × 1박스에 들어있는 사탕(초콜릿) 개수가 됩
니다.

$$사탕의 개수 = 4박스 \times 12개$$
$$= 48개$$

$$초콜릿의 개수 = 4박스 \times 15개$$
$$= 60개$$

13~16행 : 사탕의 개수와 초콜릿의 개수 중 더 작은 수를 변수 num에 저장합니다.

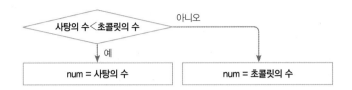

18~20행 : 변수 n을 1부터 num까지 1씩 증가시키면 사탕의 개수와 초콜릿 개수
의 공약수를 구합니다. n으로 사탕의 개수를 나눈 나머지가 0이고 초콜
릿의 개수를 나눈 나머지도 0일 때, n은 사탕의 개수와 초콜릿의 개수에
대한 공약수가 됩니다. 이때의 n 값을 변수 GCD에 저장합니다. 반복
후, 변수 GCD에 저장된 값이 최대공약수가 됩니다.

22행 : 사탕과 초콜릿을 균등하게 나눠서 담을 봉지의 개수를 출력합니다. 필요
한 봉지의 개수는 GCD의 값과 같습니다.

23행 : 봉지 1개에 들어가는 사탕의 수와 초콜릿의 수를 계산하여 출력합니다.

> 봉지 1개에 들어가는 사탕(초콜릿)의 개수
> = 사탕(초콜릿)의 총 개수 ÷ GCD

이번 장에서는 약수, 공약수, 최대공약수 그리고 서로소의 개념을 배웠습니다. 그리
고 이 개념들을 파이썬으로 구현하는 방법을 통해 다시 한번 확인했습니다. 수학적
인 개념들이 파이썬이라는 언어를 통해 구현되는 방법이 신기하지 않나요? 프로그
래밍에 필요한 변수, 반복문(for), 조건문(if)과 같은 알고리즘들은 앞으로도 계속해
서 나올 것입니다. 최대공약수 프로그래밍이 코드가 길어져서 살짝 복잡하게 느끼
셨나요? 조금 어렵다는 생각이 드셨다면 다시 한번 코드를 천천히 살펴보세요. 결코
생각만큼 어렵지 않습니다. 여기까지 오신 여러분을 응원합니다. 다음 장에서는 최
소공배수를 배워보도록 하겠습니다.

# UNIT 03 최소공배수

Problem Solving Python with Basic Math

앞에서 최대공약수를 학습했다면 이번에는 최소공배수에 대해 학습해 볼까요? 이 둘은 서로 다른 개념 같지만 사실 매우 유사한 개념입니다. 최대공약수는 나누어지는 수 중에서 가장 큰 수를 구하고, 최소공배수는 곱해지는 수 중에서 가장 작은 수를 구하는 것입니다. 즉 두 수의 공통된 약수들 중 최댓값이 최대공약수이고, 두 수의 공통된 배수들 중 최솟값이 최소공배수입니다.

배수란 어떤 수를 1배, 2배, 3배, … 하는 수입니다. 4는 2의 2배이고, 6은 2의 3배입니다. 즉 2, 4, 6, 8 등은 모두 2의 배수입니다. 또 3, 6, 9, 12 등은 모두 3의 배수입니다.

> ※ 배수
>
> 어떤 수를 1배, 2배, 3배, … 하는 수입니다.
> 예 2의 배수 : 2, 4, 6, 8, 10, 12, 14, 16, 18, …
> 　 3의 배수 : 3, 6, 9, 12, 15, 18, 21, 24, 27, …

6, 12, 18은 2의 배수이면서 3의 배수입니다. 이 때의 6, 12, 18을 2과 3의 공배수라고 합니다. 즉, 공배수란 두 개 이상의 자연수의 공통된 배수입니다. 공배수 중 가장 작은 수를 최소공배수라고 합니다. 2와 3의 최소공배수는 6입니다.

> ※ 공배수와 최소공배수
>
> 두 개 이상의 자연수의 공통된 배수이고, 최소공배수는 공배수 중 가장 작은 수입니다.
> 예 2와 3의 공배수는 6, 12, 18, … 등 입니다.
> 　 2과 3의 최소공배수는 6입니다.

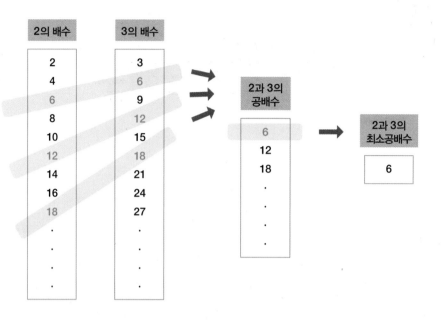

8과 12의 공배수와 최소공배수를 구해보겠습니다. 8의 배수는 8, 16, 24, 32, … 이고, 12의 배수는 12, 24, 36, 48, …입니다.

```
8의 배수  : 8, 16, 24, 32, 40, 48, 56, 64, 72, …
12의 배수 : 12, 24, 36, 48, 60, 72, 84, 96, 108, …
```

두 숫자의 공통된 배수가 보이시나요? 8과 12의 공배수는 24, 48, 72, … 등이고, 그 중 가장 작은 값인 24가 최소공배수입니다.

```
8과 12의 공배수 : 24, 48, 72, …
8과 12의 최소공배수 : 24
```

배수, 공배수, 최소공배수를 잘 이해하셨나요? 그럼 프로그램을 통해 이 개념들을 다시 한번 확인해 보겠습니다.

# 배수

## 01

1부터 50사이의 자연수 중 8의 배수를 출력하는 프로그램을 작성해 보겠습니다.

코드 4-3-1

```
1    for n in range(8, 51) :      # n의 값을 8부터 50까지 1씩 증가하며 반복
2        if n % 8 == 0 :          # n이 8로 나누어 떨어지면(n이 8의 배수이면)
3            print(n)             # n 출력
```

실행 결과 ⋯▸

```
8
16
24
32
40
48
```

코드 해설 ⋯▸

1행 : 모든 자연수 n의 배수는 n보다 큽니다. 8의 배수 중 가장 작은 수는 8이므로
for문은 8부터 50까지 반복합니다.

2행 : n이 8로 나누어 떨어지면 n은 8의 배수입니다.

3행 : 2행의 조건을 만족하는 수 n을 출력합니다.

1부터 50사이의 자연수 중 12의 배수를 출력하는 프로그램입니다.

코드 4-3-2

```
1    for n in range(12, 51) :     # n의 값을 12부터 50까지 1씩 증가하며 반복
2        if n % 12 == 0 :         # n이 12로 나누어 떨어지면(n이 12의 배수이면)
3            print(n)             # n 출력
```

실행 결과 ⋯▸

```
12
24
36
48
```

코드 해설 ⋯ 　1행 : 12의 가장 작은 배수는 12이므로 for 문은 12부터 50까지 반복합니다.

2행 : n이 12로 나누어 떨어지면 n은 12의 배수입니다.

3행 : 2행의 조건을 만족하는 수 n을 출력합니다.

1부터 50사이의 자연수 중 8의 배수와 12의 배수를 프로그램으로 구해보았습니다.

## 공배수

 02

50 이하의 자연수 중 8과 12의 공배수를 구하는 프로그램을 작성해 보겠습니다.

코드 4-3-3

```
1    for n in range(12, 51) :          # n의 값을 12부터 50까지 1씩 증가하며 반복
2        if n % 8 == 0 and n % 12 == 0 :   # n이 8과 12의 공배수이면
3            print(n)                   # n 출력
```

실행 결과 ⋯

```
24
48
```

코드 해설 ⋯ 　1행 : 8의 배수 중 가장 작은 수는 8이고, 12의 배수 중 가장 작은 수는 12입니다. 8
과 12의 공배수 중 가장 작은 수는 12 이상의 수가 됩니다. 그래서 8과 12의
공배수를 구하는 for 문은 n의 값을 12부터 50까지 반복합니다.

2행 : 8로 나눈 나머지가 0이고, 12로 나눈 나머지도 0이 되는 수 n은 8과 12의 공
배수가 됩니다.

3행 : 2행의 조건을 만족하는 수를 출력합니다.

# 최소공배수

**03**

8과 12의 최소공배수를 구하는 프로그램을 작성해 보겠습니다.

코드 4-3-4

```
1   a = 8
2   b = 12
3
4   if a > b :
5       num = a
6   else :
7       num = b
8
9   for n in range(num, a*b+1) :
10      if n % a == 0 and n % b == 0 :    # n이 a와 b의 공배수 경우
11          break                          # 반복문 종료
12      else :
13          n = n + 1
14
15  print("최소공배수 =", n)                # 최소공배수 n 출력
```

최소공배수 = 24

코드 해설 ···

4~7행 : 두 수 a와 b 중 큰 수를 변수 num에 저장합니다.

9행 : 8과 12의 최소공배수는 두 수 중 큰 수인 12 이상이고, 두 수의 곱인 8*12 이하입니다. 즉, 두 수 a, b의 최소공배수는 두 수 중 큰 수인 num 이상이고, a*b 이하가 됩니다. for 문은 n의 값을 num부터 a*b까지 1씩 증가시키면서 10~13행을 반복합니다.

10행 : a로 나눈 나머지가 0이고, b로 나눈 나머지도 0이 되는 수 n은 a와 b의 공배수이며 동시에 최소공배수가 됩니다.

11행 : 반복문을 종료합니다.

12~13행 : n이 a와 b의 공배수가 아닌 경우 n의 값을 1만큼 증가시킵니다.

15행 : 최소공배수인 n의 값을 출력합니다.

이번에는 120과 180의 최소공배수를 구해보겠습니다.

먼저 수학 공식으로 계산을 해보면 다음과 같습니다.

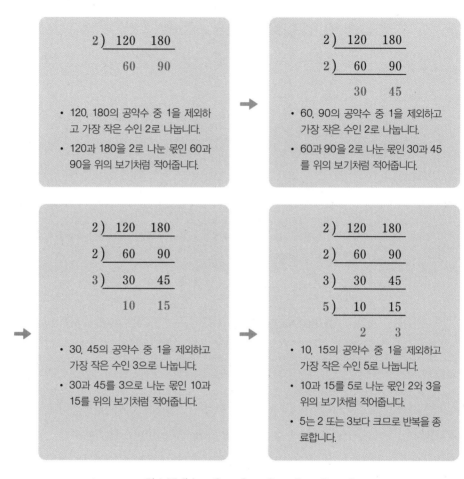

$$최소공배수 = 2 \times 2 \times 3 \times 5 \times 2 \times 3$$
$$= 360$$

위의 방법은 앞의 '4-2. 최대공약수' 단원에서 이미 다뤘습니다. 풀이 과정처럼 최
소공배수를 구하는 과정과 최대공약수를 구하는 과정이 거의 유사하지만, 최대공약
수는 공약수들만을 곱하고 최소공배수는 공약수들과 나머지 부분을 모두 곱합니다.
즉, 120과 180의 최대공약수는 60이고 최소공배수는 60에 나머지 두 수 2와 3을
모두 곱한 360이 됩니다.

이를 파이썬 프로그램으로 작성해 보면 다음과 같습니다.

코드 4-3-5

```
1   a = 120
2   b = 180
3   n = 2                        # n은 두 수 a, b를 나누는 수
4   LCM = 1                      # LCM은 a, b의 최소공배수
5
6   while 1 :
7       if n > a or n > b :      # n이 두 수 a, b 중 어느 것보다 큰 경우
8           break               # 반복을 종료함
9
10      if a % n == 0 and b % n == 0 : # n이 a와 b의 공약수 경우
11          LCM = LCM * n        # LCM에 공약수를 누적해서 곱함
12          a = int(a / n)       # a를 공약수 n으로 나눈 몫이 a의 값이 됨
13          b = int(b / n)       # b를 공약수로 n으로 나눈 몫이 b의 값이 됨
14      else :
15          n = n + 1            # 나누려는 수를 1 증가함
16
17  LCM = LCM * a * b
18  print("최소공배수 =", LCM)        # 최소공배수 출력
```

실행 결과 ⋯▸

최소공배수 = 360

코드 해설 ⋯▸

3행     : n은 두 수 a와 b의 공약수를 찾기 위한 변수입니다. 1은 모든 수의 공약
          수가 되므로 생략하고 2가 초깃값이 됩니다.

4행     : LCM은 두 수의 최소공배수를 저장할 변수입니다.

6행     : 7~15행을 무한 반복합니다.

7~8행   : n의 값이 a보다 크거나, b보다 크다면 반복을 종료합니다.

10~13행 : n의 값이 두 수 a, b의 공약수인 경우입니다. 변수 LCM에 공약수인 n
          을 곱합니다. a, b를 n으로 나눈 몫을 다시 a, b의 값으로 정합니다.

14~15행 : n의 값이 두 수 a, b의 공약수가 아닌 경우에는 n의 값은 1만큼 증가시킵니다.

17행 : 최소공배수는 변수 LCM에 a와 b를 곱한 값입니다.

18행 : 최소공배수를 출력합니다.

파이썬 언어로 최소공배수를 구하는 프로그램을 작성해 보았습니다.

문제 해결하기 ···

## 버스 도착시간 구하기

집 앞에 행복동 버스정류장이 있다. 1번 버스는 10분마다 도착하고, 2번 버스는 12분마다 도착한다. 1번 버스와 2번 버스가 9시 30분에 동시에 도착했다. 몇 분 후에 두 버스가 행복동 정류장에 동시에 도착하게 될까?

1번 버스는 10분, 20분, 30분, 40분, 50분, 60분, 70분, ··· 후에, 2번 버스는 12분, 24분, 36분, 48분, 60분, 72분, ··· 후에 정류장에 각각 도착할 것입니다. 따라서 60분 후에 1번 버스와 2번 버스가 동시에 도착한다는 것을 알 수 있습니다. 즉, 이 문제는 두 수 10과 12의 최소공배수를 구하는 문제입니다.

| | |
|---|---|
| 10의 배수 ⟶ | 10, 20, 30, 40, 50, 60, 70, 80, 90, 100, 110, 120, ··· |
| 12의 배수 ⟶ | 12, 24, 36, 48, 60, 72, 84, 96, 108, 120, 132, ··· |
| 10과 12의 공배수 ⟶ | 60, 120, ··· |
| 10과 12의 최소공배수 ⟶ | 60 |

따라서, 두 버스는 60분 후인 10시 30분에 행복동 버스정류장에 동시에 정차합니다.

문제가 이해되셨으면 이제 프로그램을 작성해 보겠습니다. 우선, 프로그램에서 필요한 변수를 선언합니다.

---

- · **1번 버스의 배차 간격**　　　: bus1
- · **2번 버스의 배차 간격**　　　: bus2
- · **최소공배수**　　　　　　　: LCM

---

문제를 해결하는 과정은 3단계로 구분할 수 있습니다.

- **1단계** : 1번 버스의 배차 간격과 2번 버스의 배차 간격을 입력합니다.
- **2단계** : 1번 버스의 배차 간격과 2번 버스의 배차 간격의 최소공배수를 구합니다.
- **3단계** : 1번 버스와 2번 버스가 동시에 정류장에 도착하는 시간을 출력합니다.

만들고자 하는 프로그램을 순서도로 표현해 보겠습니다.

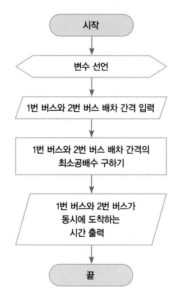

순서도를 바탕으로 두 버스가 동시에 버스 정류장에 도착하는 시간을 계산하는 프로그램을 작성해 보겠습니다.

코드 4-3-6

```
1    bus1 = 0    # 1번 버스의 배차 간격
2    bus2 = 0    # 2번 버스의 배차 간격
3    LCM = 0     # 최소공배수
4
5    bus1 = int(input("1번 버스의 배차 간격을 입력하세요 : "))
6    bus2 = int(input("2번 버스의 배차 간격을 입력하세요 : "))
7
8    if bus1 > bus2 :  # 1번 버스의 배차 간격이 2번 버스의 배차 간격보다 큰 경우
9        num = bus1
10   else :            # 2번 버스의 배차 간격이 1번 버스의 배차 간격보다 큰 경우
11       num = bus2
12
13   for n in range(num, bus1*bus2+1) :    # n값을 num에서 bus1*bus2까지 반복
14       if n % bus1 == 0 and n % bus2 == 0 :  # n이 공배수이면
15           LCM = n        # 공배수 n을 최소공배수에 저장
16           break          # 반복문 종료
17
18   print("두 버스가 동시에 정류장에 도착하는 시간은", LCM, "분 후입니다.")
```

실행 결과 ⋯

```
1번 버스의 배차 간격을 입력하세요 : 10
2번 버스의 배차 간격을 입력하세요 : 12
두 버스가 동시에 정류장에 도착하는 시간은 60 분 후입니다.
```

코드 해설 ⋯

5~6행 : input( )함수로 1번 버스의 배차 간격과 2번 버스의 배차 간격을 입력받습니다. int( )함수를 이용하여 정수형으로 변환합니다. 변수 bus1과 bus2에 각각 저장합니다.

8~11행 : bus1과 bus2를 비교하여 더 큰 수를 변수 num에 저장합니다.

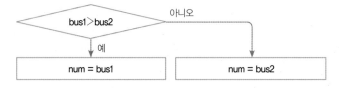

13~15행 : 변수 n을 num부터 bus1*bus2까지 1씩 증가시키면서 bus1과 bus2의 공배수를 구합니다. n을 bus1로 나눈 나머지가 0이고, bus2로 나눈 나머지도 0일 때, n은 bus1과 bus2의 최소공배수입니다.

16행 : 반복을 중단합니다.

18행 : 1번 버스와 2번 버스가 동시에 정류장에 도착하는 시간인 LCM을 출력합니다.

지금까지 배수, 공배수, 그리고 최소공배수의 개념을 이해하고 파이썬 언어로 구현해 보았습니다. 또한, 최대공약수와 최소공배수의 알고리즘이 크게 다르지 않다는 사실도 발견할 수 있었습니다. 최대공약수와 최소공배수를 구하는 문제는 수학뿐만 아니라 코딩에서도 매우 중요한 알고리즘이므로 반드시 개념과 프로그래밍 모두 잘 이해하시길 바랍니다.

# 소수

이번에는 소수에 대해서 알아볼까요? 숫자 3은 나누어지는 약수가 1과 3입니다. 숫자 5는 약수가 1과 5입니다. 이처럼 소수란 1보다 큰 자연수 중에서 1과 자기 자신만을 약수로 가지는 수입니다. 반면, 소수가 아닌 수를 합성수라 합니다. 즉, 합성수란 1보다 큰 자연수 중에서 소수가 아닌 수입니다. 그러면 1은 어떻게 될까요? 1은 소수도 아니고 합성수도 아닙니다.

 소수는 다음과 같은 특징이 있습니다.

> • 모든 소수는 두 개의 약수를 가진다.
> • 2는 소수 중 유일한 짝수이다.

자연수 2에서 30 사이에 있는 소수를 출력하는 프로그램을 작성해 봅시다.

코드 4-4-1

```
1  for n in range(2, 31) :        # n을 2부터 30까지 반복
2      for m in range(2, n+1) :   # m을 2부터 n까지 반복
3          if (n % m) == 0 :      # m이 n의 약수인 경우
4              break              # 2행의 반복문(for)을 종료
5      if m == n :                # m과 n이 같다면
6          print(n)               # 소수 출력
```

실행 결과 ⋯▸

```
2
3
5
7
11
13
17
19
23
29
```

코드 해설 ⋯▸

1행      : n에 2부터 30까지의 수를 대입합니다.

2행      : 약수를 찾기 위해 m을 2부터 n까지 1씩 증가하며 3~4행을 수행합니다.

3~4행 : n을 m으로 나누어 나머지가 0이면 반복문을 종료합니다.

5~6행 : m과 n이 같다면 소수 n을 출력합니다.

> ※ 자연수 n이 소수인지 판단하기
>
> m를 2부터 1씩 증가하면서 n까지 반복하면서 m이 n의 약수인지 확인합니다. m이 n의 가장 작은 약수일 때, m과 n이 같다면 n은 1과 자기 자신만을 약수로 가지는 소수로 판단할 수 있습니다.

소수값을 찾는 방법이 이해되었다면 이제 실생활 예제를 프로그램으로 작성해 보겠습니다.

문제 해결하기 ⋯▸

## 자연수 1에서 100 사이에는 소수 개수 구하기

영우는 수학 시간에 소수에 대해 배웠다. 그러다, '1에서 100 사이의 자연수 중에서 소수는 몇 개가 있을까?' 라는 생각이 들었고, 그 답을 찾기 위한 프로그램을 작성하기로 했다.

먼저 프로그램에서 필요한 변수들을 나열해 보겠습니다.

| | |
|---|---|
| · 시작 값 | : start |
| · 마지막 값 | : end |
| · 범위에 있는 소수의 개수 | : count |

문제를 해결하는 과정은 3단계로 구분할 수 있습니다.

- **1단계** : 소수를 구할 자연수의 범위로 시작 값과 마지막 값을 입력받습니다.
- **2단계** : 시작 값(start)에서 1씩 증가시키면서 마지막 값(end)까지 반복하며 소수 여부를 판단하고, 소수의 개수를 구합니다.
- **3단계** : 구한 소수의 개수를 출력합니다.

이를 순서도로 표현해 보겠습니다.

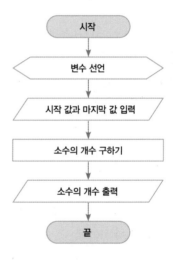

순서도를 바탕으로 소수의 개수를 구하는 프로그램을 작성해 봅시다.

154

```
1   count = 0        # 소수의 개수
2   start = 0        # 자연수의 범위 시작 값
3   end = 0          # 자연수의 범위 마지막 값
4
5   start = int(input("시작 값을 입력하세요(단, 2이상) : "))
6   end = int(input("종료 값을 입력하세요 : "))
7
8   for n in range(start, end+1) :       # start부터 end까지 반복
9       for m in range(2, n+1) :         # 2부터 n까지 반복
10          if (n % m) == 0 :            # m은 n의 약수인 경우
11              if m == n :              # n이 소수인 경우
12                  count = count + 1    # 소수의 개수 한 개 추가
13                  break
14
15  print(start, "에서", end, "사이에 있는 소수의 개수 : ", count)
```

실행 결과 ⋯▸

```
시작 값을 입력하세요(단, 2이상) : 2
종료 값을 입력하세요 : 100
2 에서 100 사이에 있는 소수의 개수 :  25
```

코드 해설 ⋯▸  5~6행 : 자연수의 범위를 입력한 후, 정수형으로 변환하여 변수 start와 end에 각
각 저장합니다.

8행　　 : n의 값을 start에서 end까지 1씩 증가시키면서 9~13행의 명령문을 반복
하여 수행합니다.

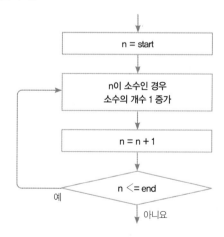

155

9행    : m을 2부터 1씩 증가시키면서 n이 될 때까지 10~11행의 명령문을 반복

하여 수행합니다.

10행   : m이 n의 약수인지 판단합니다. 즉, n을 m으로 나눈 나머지가 0이면

11~13행을 실행합니다.

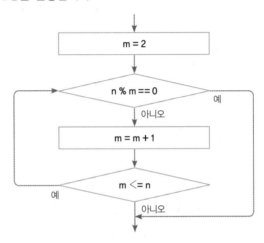

11~12행 : m이 n과 같다면 n은 1과 자기 자신만을 약수로 가지는 소수입니다. 소

수의 개수를 한 개 추가합니다.

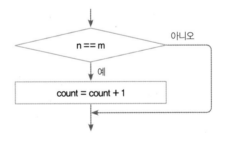

13행    : 9행의 for 문을 종료합니다.

15행    : 1에서 100 사이에 있는 소수의 개수를 출력합니다.

소수를 구하는 알고리즘은 수학과 프로그래밍에서 가장 기본이 되는 알고리즘 중 하
나입니다. 한 수준 높은 수학과 프로그래밍을 하기 위해서 반드시 알아야 할 개념입
니다. 이 개념을 좀 더 확실하게 이해하기 위해 프로그램으로 작성하였습니다. 프로
그래밍을 통해 소수의 개념을 잘 이해하게 되었습니다. 앞으로 공부하게 될 소인수
분해, 절댓값, 거듭제곱, 제곱근 등은 모두 수학과 프로그래밍의 기본이 되는 개념과
알고리즘입니다.

UNIT 05

# 소인수분해

Problem Solving Python with Basic Math

수학에서 절대로 놓치면 안 되는 개념이 있습니다. 바로 소인수분해입니다. 앞으로 배우게 될 수학에서 소인수분해를 이용한 문제 풀이가 많이 나오게 되니 확실하게 이해하고 넘어가는 것이 좋습니다. 소인수분해란 자연수를 소수들만의 곱으로 나타낸 것을 말합니다. 앞에서 소수는 1과 자기 자신만을 약수로 가지는 수라고 배웠습니다. 소인수는 약수 중에 소수인 약수를 말합니다.

먼저 인수와 소인수의 개념을 자세히 알아보겠습니다.

자연수 a, b, c에 대하여 a = b × c일 때, b와 c를 a의 인수라고 합니다. b와 c 중 소수인 인수를 소인수라고 합니다.

$$12 = 1 \times 12 \longrightarrow \text{1과 12는 12의 인수입니다.}$$

$$12 = 2 \times 6 \longrightarrow \text{2와 6은 12의 인수입니다.}$$
$$\longrightarrow \text{2는 소수이므로 12의 소인수입니다.}$$

$$12 = 3 \times 4 \longrightarrow \text{3과 4는 12의 인수입니다.}$$
$$\longrightarrow \text{3은 소수이므로 12의 소인수입니다.}$$

12의 인수는 1, 2, 3, 4, 12이고 소인수는 2와 3입니다.

자연수를 소인수로 나누다 보면 더 이상 나누어지지 않는 소수를 만나게 됩니다. 이를 소수들만의 곱으로 표현한 것이 소인수분해입니다.

자연수 12를 소인수분해 해보겠습니다.

157

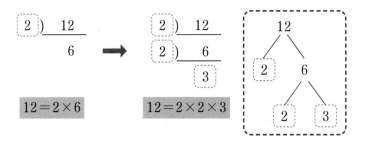

$$12 = 2 \times 6 \qquad 12 = 2 \times 2 \times 3$$

12를 소인수분해한 결과는 $2 \times 2 \times 3$이고 다시 표현하면 $2^2 \times 3$ 입니다.

$$12 = 2^2 \times 3$$

자연수를 소인수 분해하는 프로그램을 작성해 보겠습니다.

코드 4-5-1

```
1    num = 0        # 소인수분해할 자연수
2    k = 2          # 소인수(초깃값 2는 첫번째 소인수임)
3
4    num = int(input("소인수분해할 자연수를 입력하세요 : ")) # 자연수 입력
5
6    while 1 :                  # 무한반복
7       if (num % k) == 0 :     # k가 num의 소인수인지를 찾음
8          print(k)             # 소인수 k를 출력
9          num = num // k       # num에 num을 k로 나눈 몫을 저장
10         if num == 1 :        # num의 값이 1이 되면 소인수분해 끝남
11            break             # 반복문 종료
12      else :
13         k = k + 1            # k값을 1 증가
```

실행 결과 ⋯▶

```
소인수분해할 자연수를 입력하세요 : 72
2
2
2
3
3
```

158

코드 해설 ⋯⋯

4행 :   소인수분해할 자연수를 입력받습니다. 정수형으로 변환하여 변수 num에
저장합니다.

6행 : 7~13행을 무한반복 합니다.

7~11행 : num을 k로 나누어 나머지가 0이면 k는 num의 소인수입니다. num이
k의 소인수이면 출력하고, num을 k로 나눈 몫으로 변경합니다. num이
1이라면 반복문을 종료하고 아니라면 7행부터 다시 실행합니다.

12~13행 : k가 num의 소인수가 아니면 k를 1만큼 증가시키고 7행부터 다시 실행합니다.

위의 실행 결과가 보기에 어떤가요? 결과를 좀 달리 출력해볼까요?

$$72 = 2 \times 2 \times 2 \times 3 \times 3$$

이렇게 표현하면 더 좋을 것 같습니다. 위의 프로그램에서 출력 부분을 조금 수정해
보겠습니다.

코드 4-5-2

```
1   num = 0
2   k = 2
3
4   num = int(input("소인수분해 할 자연수를 입력하세요 : "))
5
6   print(num,"=", end=' ')            # 입력한 자연수 출력
7   while 1 :
8       if (num % k) == 0 :
9           print(k, end=' ')          # 소인수 출력
10          num = num // k
11          if num == 1 :
12              break
13          else :                     # 소인수분해 끝나지 않음
14              print("x", end=' ')    # 곱셈 기호 출력
15      else :
16          k = k + 1
```

소인수분해 할 자연수를 입력하세요 : 72
72 = 2 x 2 x 2 x 3 x 3

코드 해설 ⋯▶ 6, 9, 14행 : 출력하는 print( )함수에 end=' ' 가 추가되었습니다. 파이썬에서
print( )명령은 출력 후에 줄 바꿈이 기본으로 발생합니다. end=' '은
줄바꿈 대신에 빈 칸을 출력하도록 한 것입니다. 줄 바꿈 대신 콤마(,)
를 출력하고 싶다면 end=','를 넣을 수 있습니다.

13~14행 : num이 1이 아니라면 소인수분해가 끝나지 않은 상태입니다. 출력한 소
인수 뒤에 곱셈 기호를 출력합니다. 즉, 'x' 가 출력됩니다.

결과처럼 2를 3번 곱하고 거기에 3을 2번 더 곱하면 72가 됩니다. 여기서 2, 2, 2,
3, 3을 소인수라 하며 소인수의 곱으로 이루어진 $2 \times 2 \times 2 \times 3 \times 3$ 을 소인수분해라
고 합니다. 인수, 소인수, 소인수분해가 잘 이해되었나요? 이제 절댓값에 대해 알아
봅시다.

# UNIT 06 절댓값

Problem Solving Python with Basic Math

절댓값이란 절대적인 위칫값을 말합니다. 예를 들어 체육시간에 줄을 맞추기 위해 선생님께서는 기준이 되는 학생을 지목합니다. 그 학생이 "기준"하고 크게 대답하면 학생을 기준으로 양팔 간격을 맞추는 것과 유사합니다. 여기서 기준은 바로 원점(0)입니다. 절댓값이란 수직선 위의 원점과 수를 나타내는 점 사이의 거리를 말합니다. 즉, 0으로부터의 거리입니다. 거리이므로 음수 값을 가질 수 없습니다. 그리고 절댓값을 나타날때는 |숫자| 기호로 표시합니다. a의 절댓값은 기호 '| |'를 사용하여 '|a|'로 표기하고 '절댓값 a'라고 읽습니다. 예를 들어, −3의 절댓값은 기호 '| |'를 사용하여 '|−3|'으로 쓰고, '절댓값 −3'이라 읽습니다.

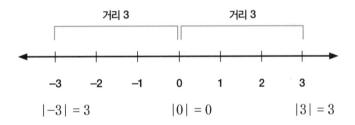

$$|-3| = 3 \qquad |0| = 0 \qquad |3| = 3$$

임의의 실수 $x$에 대해 절댓값을 구해보겠습니다.

$x > 0$ 이면, 절댓값 $|x| = x$

$x = 0$ 이면, 절댓값 $|x| = 0$

$x < 0$ 이면, 절댓값 $|x| = -x$

예를 들어, 3의 절댓값은 $|3| = 3$ 이고, −3의 절댓값은 $|-3| = -(-3) = 3$ 입니다.

실수를 입력하여 절댓값을 구하는 순서도는 다음과 같습니다.

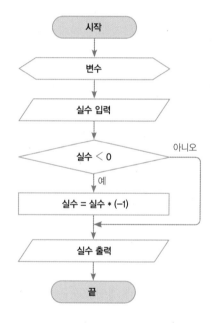

순서도를 바탕으로 절댓값을 구하는 프로그램을 작성해 봅시다.

코드 4-6-1

```
1   x = float(input("절댓값을 구할 실수를 입력하세요 : ")) # 실수 입력
2
3   if x < 0 :                        # 입력한 값이 음수인 경우
4       print(x, "의 절댓값은", -x)   # 절댓값 출력
5   else :                           # 입력한 값이 양수인 경우
6       print(x, "의 절댓값은", x)    # 절댓값 출력
```

절댓값을 구할 실수를 입력하세요 : -3.4
-3.4 의 절댓값은 3.4

코드 해설 ⋯⋯

1행 : 값을 입력받은 후, 실수형으로 변환하여 x에 저장합니다.

3~6행 : x가 음수인 경우는 -부호를 붙여서 출력합니다. 즉, -1을 곱해주는 것입니다. x가 양수인 경우는 그대로 출력합니다.

파이썬에는 절댓값을 구해주는 함수가 있습니다. abs( ) 함수를 사용하면 절댓값을 쉽게 구할수 있습니다.

| abs(n) | n의 절댓값을 구해주는 함수입니다. |
|---|---|

abs( )함수를 사용하여 프로그램을 작성하면 다음과 같습니다.

코드 4-6-2

```
1   x = int(input("절댓값을 구할 수를 입력하세요 : ")) # 입력
2
3   print("%d의 절댓값은 %d" %(x, abs(x))) # 입력한 값의 절댓값 출력
```

실행 결과 ⋯⋯

절댓값을 구할 수를 입력하세요 : -3
-3의 절댓값은 3

코드 해설 ⋯⋯

3행 : 입력된 값 x를 abs( ) 함수를 이용하여 절대값을 출력합니다.

절댓값을 구하는 방법은 매우 간단합니다. 실수가 음수인 경우는 -1을 곱해서 출력하고, 양수인 경우는 그대로 출력합니다. 그리고 파이썬에서는 절댓값을 구하는 함수 abs( )를 제공하므로 이를 활용하면 됩니다.

CHAPTER 4

06 절댓값

# 거듭제곱

Problem Solving Python with Basic Math

거듭제곱이란 주어진 수를 일정한 횟수만큼 거듭하여 곱하는 연산입니다. 즉, 2의 3 거듭제곱은 숫자 2를 3번 곱한 것을 의미하고 $2^3$으로 표기합니다. 이때 2를 '밑 (base)', 3을 '지수(exponentiation)'라고 합니다.

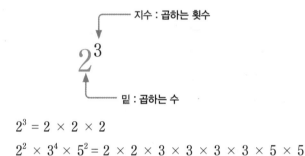

지수 : 곱하는 횟수

$$2^3$$

밑 : 곱하는 수

$$2^3 = 2 \times 2 \times 2$$

$$2^2 \times 3^4 \times 5^2 = 2 \times 2 \times 3 \times 3 \times 3 \times 3 \times 5 \times 5$$

---

**실수 $a$와 양의 정수 $n$에 대하여,**

$$a^n = a \times a \times a \times \cdots a \times a \times a$$

$$\underbrace{\qquad\qquad\qquad\qquad\qquad}_{n}$$

---

거듭제곱은 다음과 같은 특징이 있습니다.

① 실수 $a$에 대하여 $a^0 = 1$

② 실수 $a$에 대하여 $a^1 = a$

③ 실수 $a$에 대하여 $a^{-n} = \dfrac{1}{a^n}$

거듭제곱을 구하는 방법으로는 수식을 이용하는 방법과 함수를 이용하는 두 가지가 있습니다.

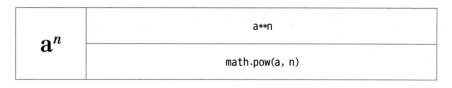

| pow(a, n) | a의 n 거듭제곱을 구해줍니다.<br>math 라이브러리를 사용합니다. |

프로그램으로 작성해 보겠습니다.

코드 4-7

```
1  import math
2
3  a = 2
4  n = 3
5
6  print(a**n)
7  print(math.pow(a, n))
```

실행 결과 ⋯▸
```
8
8.0
```

코드 해설 ⋯▸   1행 : math 라이브러리에서 제공하는 거듭제곱(pow( )) 함수를 사용하기 위해 math 라이브러리를 import합니다.

6행 : 제곱을 나타내는 연산자 '**'을 사용하여 $a^n$을 구합니다.

7행 : math 라이브러리에서 제공하는 pow( ) 함수를 사용하여 $a^n$을 구합니다.

165

# 제곱근

Problem Solving Python with Basic Math

거듭제곱이 일정한 횟수만큼 반복하여 곱하는 것이라면, 제곱은 두 번만 곱하는 것입니다. 2의 제곱은 2를 두 번 곱한 값으로 4입니다. −2의 제곱도 4입니다. 제곱해서 4가 되는 수 2와 −2를 4의 제곱근이라고 합니다. 또한, 2는 4의 양의 제곱근, −2는 4의 음의 제곱근이라고 합니다. 즉, 실수 $a$에 대하여 $a = x^2$ 을 만족시키는 $x$가 존재할 때, $x$를 $a$의 제곱근이라고 합니다. $a$의 제곱근은 기호 '$\sqrt{\phantom{a}}$'를 사용하여 '$\sqrt{a}$'로 표기하고 '제곱근 $a$' 또는 '루트 $a$'라고 읽습니다. $a$의 양의 제곱근은 '$+\sqrt{a}$'에서 +기호를 생략하여 '$\sqrt{a}$'로, 음의 제곱근은 '$-\sqrt{a}$'로 표현합니다.

$$9의\ 양의\ 제곱근 : +\sqrt{9} = \sqrt{9} = 3$$
$$9의\ 음의\ 제곱근 : -\sqrt{9} = -3$$
$$=> 9의\ 제곱근 : \pm\sqrt{9} = \pm 3$$

이처럼 실수에 대한 제곱근은 양의 제곱근과 음의 제곱근 두 개가 있습니다. 하지만 모든 실수의 제곱근이 두 개로 존재하는 것은 아닙니다. 0의 제곱근은 $\pm\sqrt{0}$입니다. 하지만 +0, −0이라는 표현은 없습니다. 따라서 0의 제곱근은 0, 한 개입니다. 음수는 어떤가요? 제곱해서 음수가 되는 실수는 없으므로 실수의 범위에서 음수의 제곱근은 구할 수가 없습니다.

실수의 범위에서 실수 $a$의 제곱근을 정리하면 다음과 같습니다.

$$a > 0 \text{ 이면 } a\text{의 제곱근은 } \pm\sqrt{a}$$

$$a = 0 \text{ 이면 } a\text{의 제곱근은 } 0$$

$$a < 0 \text{ 이면 } a\text{의 제곱근은 구할 수 없음}$$

프로그램에서 제곱근을 구하는 방법으로는 두 가지가 있습니다.

| $\sqrt{a}$ | a**0.5 |
|---|---|
| | math.sqrt(a) |

| sqrt(a) | a의 제곱근을 구해줍니다.<br>math 라이브러리를 사용합니다. |
|---|---|

16과 25의 제곱근을 구하는 프로그램을 작성해 보겠습니다.

코드 4-8-1

```
1  import math
2
3  print('16의 제곱근 :', 16**0.5, ',', -16**0.5)
4  print('25의 제곱근 :', math.sqrt(25), ',', -math.sqrt(25))
```

실행 결과 ⋯▸

```
16의 제곱근 : 4.0 , -4.0
25의 제곱근 : 5.0 , -5.0
```

코드 해설 ⋯▸

1행 : math 라이브러리에서 제공하는 sqrt( ) 함수를 사용하기 위해 math 라이브러리를 import합니다.

3행 : 제곱을 나타내는 연산자 '**'을 사용하여 16의 제곱근을 구합니다.

4행 : math 라이브러리에서 제공하는 sqrt( ) 함수를 사용하여 25의 제곱근을 구합니다.

167

임의의 실수를 입력받아 제곱근을 구하는 프로그램을 작성해 보겠습니다.

코드 4-8-2

```
1   a = float(input('실수를 입력하세요 : '))              # 실수 입력
2
3   if a > 0 :                                          # 양수인 경우
4       print(a, '의 제곱근 :', a**0.5, ',', -a**0.5)   # 두 개의 제곱근 출력
5   elif a == 0 :                                       # 0인 경우
6       print(a, '의 제곱근 : 0')                        # 제곱근 0 출력
7   else :                                              # 음수인 경우
8       print(a, '의 제곱근 : 구할 수 없음')              # 제곱근 구할 수 없음 출력
```

실행 결과 ⋯▶

```
실수를 입력하세요 : 36
36.0 의 제곱근 : 6.0 , -6.0
```

```
실수를 입력하세요 : 0
0.0 의 제곱근 : 0
```

```
실수를 입력하세요 : -49
-49.0 의 제곱근 : 구할 수 없음
```

코드 해설 ⋯▶

1행     : 입력 받은 값을 실수형으로 변환한 후, 변수 a에 저장합니다.

3~4행 : a가 양수인 경우 연산자 '**'을 사용하여 a의 제곱근 두 개를 출력합니다.

5~6행 : a가 0인 경우 a의 제곱근 '0'을 출력합니다.

7~8행 : a가 음수인 경우 a의 제곱근 '구할 수 없음'을 출력합니다.

위의 코드를 반복문을 활용하여 조금 수정해 보겠습니다.

코드 4-8-3

```
1    while 1 :                                    # 무한 반복
2        a = float(input('실수를 입력하세요 : '))    # 실수 입력
3        print('⟹', a, '의 제곱근 : ', end='')
4        if a > 0 :                               # 양수인 경우
5            print(a**0.5, ',', -a**0.5)          # 두 개의 제곱근 출력
6        elif a == 0 :                            # 0인 경우
7            print(0)                             # 0 출력
8        else :                                   # 음수인 경우
9            print('구할 수 없음')                 # 구할 수 없음 출력
10           break                                # 반복문 종료
```

실행 결과 ⋯▶

```
실수를 입력하세요 : 144
⟹ 144.0 의 제곱근 : 12.0 , -12.0
실수를 입력하세요 : 1.44
⟹ 1.44 의 제곱근 : 1.2 , -1.2
실수를 입력하세요 : 0
⟹ 0.0 의 제곱근 : 0
실수를 입력하세요 : -144
⟹ -144.0 의 제곱근 : 구할 수 없음
```

코드 해설 ⋯▶

1행 : 반복문 while의 조건이 1로 항상 참인 무한 반복문입니다. 2~10행을 무한 반복합니다.

8~10행 : a가 음수인 경우 '구할 수 없음'을 출력하고 반복문을 종료합니다.

지금까지 수와 연산의 기본이 되는 약수와 최대공약수, 배수와 최소공배수, 소수, 소인수와 소인수분해, 절댓값, 거듭제곱, 제곱근의 개념을 학습하고 프로그램으로 작성해 보았습니다. 수학과 코딩의 기초 지식을 단단하게 다졌으니 본격적으로 공부해 보도록 하겠습니다.

chapter

# 5

# 부등식과 방정식
# 코딩

부등식과 방정식은 두 개의 다른 개념과 공식으로 이해하고 있나
요? 사실 부등식과 방정식은 밀접한 관련이 있습니다. 부등식은
부등호를 사용하여 수나 식의 크기를 비교하는 식입니다. 등식은
등호를 사용하여 수나 식의 크기가 같음을 나타내는 식입니다. 특
히 미지수가 있는 등식은 방정식이라고 합니다. 부등식과 방정식
에 있는 미지수의 값에 따라 식이 참이 되거나 거짓이 됩니다. 참
이 되게 하는 미지수의 값을 '해' 또는 '근'이라고 합니다. 이번 장에
서는 실생활에서 매우 유용한 수학적 개념 두 가지를 배우게 됩니
다. 하나는 부등식이고 다른 하나는 방정식입니다.

# 일차부등식

부등식은 비교를 통해 알맞은 값을 찾기 위해 사용하므로 실생활에서 매우 유용한 식입니다. 등식은 같다(=)를 표현하고, 부등식은 크다(>), 작다(<), 크거나 같다(≥), 작거나 같다(≤)와 같은 대소 관계를 표현합니다. 부등식을 활용한 대표적인 활용 예는 비용 구하기입니다. 현실에서는 언제나 최소의 비용으로 최대의 효과를 얻고자 합니다. 최소 비용을 구하기 위해 부등식을 이용하면 해결이 가능합니다. 컴퓨터에서는 이를 관계 연산이라 표현합니다. 다음 표는 식을 표현하는 방법을 수학과 파이썬으로 작성한 것입니다.

| 의미 | 수학 | 파이썬 |
|---|---|---|
| 3은 5 빼기 2와 같다 | $3 = 5 - 2$ | $3 == 5 - 2$ |
| 3과 4는 같지 않다 | $3 \neq 4$ | $3 \mathrel{!=} 4$ |
| 5는 3보다 크다 | $5 > 3$ | $5 > 3$ |
| 5는 3보다 작다 | $5 < 3$ | $5 < 3$ |
| 5는 3보다 크거나 같다 | $5 \geq 3$ | $5 >= 3$ |
| 5는 5보다 작거나 같다 | $5 \leq 5$ | $5 <= 5$ |

일차부등식은 부등식에 포함된 미지수의 최고 치수가 1인 부등식입니다. 부등식을 푼다는 것은 부등식이 참이 되게 하는 미지수 $x$를 찾는 것입니다. 예를 들어,

부등호

$$x + 4 < 10 \longrightarrow \text{일차부등식}$$

일차식

부등식 만족하는 $x$ 값으로 5는 될 수 있으나 6은 될 수 없습니다. 이 부등식을 만족하는 $x$ 값은 6 미만이어야 합니다.

일차부등식 $3x - 4 \leq 5x + 6$ 의 해를 구해 볼까요?

$3x - 4 \leq 5x + 6$

$3x - 5x \leq 6 + 4$      : $x$항은 좌변으로 상수항은 우변으로 이항

$-2x \leq 10$      : 동류항끼리 계산하여 $ax=b(a \neq 0)$으로 만듦

$x \geq -5$      : 음수 $-2$로 나누어 부등호 방향이 바뀜

따라서, $x \geq -5$입니다. 이를 수직선상에 표시하면 그림과 같습니다.

일차부등식의 해를 수직선상에 표시해 보겠습니다.

| 부등식 | 수학 | 파이썬 | 수직선 |
|---|---|---|---|
| $x > a$ | $>$ | $>$ | |
| $x < a$ | $<$ | $<$ | |
| $x \geq a$ | $\geq$ | $>=$ | |
| $x \leq a$ | $\leq$ | $<=$ | |

일차부등식 $3x - 4 \leq 5x + 6$ 을 만족하는 최솟값을 구하는 프로그램을 작성해 봅시다. 단, $x$의 범위는 $-100$이상부터 $100$미만 입니다.

```
1   x = range(-100, 100)
2   a = [ ]
3   for i in x :
4       if 3 * i - 4 <= 5 * i + 6:
5           a.append(i)
6   print(min(a))
```

실행 결과 ⋯▸

-5

코드 해설 ⋯▸

1행 : $x$ 값의 범위를 range(초깃값, 마지막값-1) 함수를 이용하여 −100 부터 99로 설정합니다.

2행 : $3x-4 <= 5x+6$ 조건을 만족하는 $x$ 값을 저장할 리스트 a를 선언합니다.

3~5행 : 자연수 $x$값을 변수 i 에 하나씩 대입하며 $3x-4 <= 5x+6$ 조건을 검사합니다. 조건을 만족하면 a.append(i) 함수를 이용하면 a 리스트에 값이 추가됩니다.

6행 : 부등식을 만족하는 값들 중에서 가장 작은 $x$값을 출력합니다.

일차부등식을 파이썬으로 프로그래밍하기 위해서는 조건을 검사하기 위한 반복문을 함께 사용해야 합니다. 왜냐하면, 수학에서는 공식을 이용해 부등식의 해를 찾지만, 컴퓨터는 식을 만족하는 $x$값을 찾기 위해 주어진 범위 내의 수를 대입해 가며 찾아야 하기 때문입니다. 일차부등식은 실생활에 매우 유용합니다. 일차부등식을 활용하면 실생활의 다양한 문제를 해결하는데 좀 더 현명한 선택을 할 수 있습니다.

문제 해결하기 ⋯▸

## 제주도 여행 비용 마련하기

두 자매는 제주도 여행을 가기 위해 언니는 30만원, 동생은 20만원의 비상금을 모아두었다. 자매는 최소 200만원을 모으고자 한다. 매달 언니는 10만원씩 모으고, 동생은 5만원 씩을 모은다고 하면 200만원을 모으기까지 총 몇 개월이 걸리는가?

구하고자 하는 값을 미지수라 합니다. 미지수를 $x$로 선언하겠습니다. 이 문제에서 미지수 $x$는 여행 비용을 모으기까지 필요한 개월 수가 됩니다. 언니는 이미 모아둔 30만원과 매달 저축할 수 있는 금액 10만원이 있습니다. 이를 수식으로 표현하면 $300,000 + 100,000 \times x$가 됩니다. 따라서, 언니는 한달 뒤에는 40만원이 모이고 두 달 뒤에는 50만원을 저축하게 됩니다. 같은 원리로 동생은 한달 뒤에는 25만원, 두 달 뒤에는 30만원이 됩니다. 이를 수식으로 표현하면 $200,000 + 50,000 \times x$입니다.

**미지수 $(x)$ : 여행 비용을 모으는데 걸리는 기간(개월)**

**언니의 예금액 : $300,000 + 100,000 \times x$**

**동생의 예금액 : $200,000 +\ 50,000 \times x$**

(단위: 만원)

| 기간(개월) | 언니 | 동생 | 합 |
|---|---|---|---|
| 0(현재) | 30 | 20 | 50 |
| 1 | 40 | 25 | 65 |
| 2 | 50 | 30 | 80 |
| $\vdots$ | $\vdots$ | $\vdots$ | $\vdots$ |
| $x$ | $30 + 10x$ | $20 + 5x$ | 200 |

이제, 언니의 예금액과 동생의 예금액을 합한 금액이 200 만원이 되는 최소 개월 수를 구합니다. 단, 식을 간단하게 하기 위해 원화의 단위를 만원으로 합니다.

$$(30+10x)+(20+5x) \geq 200$$

$$50+15x \geq 200$$ 이항

■ 언니와 동생의 비용이 200만원 이상이 되는 개월수 $(x)$를 구하는 식을 작성하고 동류항끼리 계산합니다.

■ $x$항은 좌변으로 상수항은 우변으로 이항합니다.

CHAPTER ⑤ ①1 일차부등식

175

$15x \geq 200-50$ 　계산

$15x \geq 150$ 　양변을 15로 나누기

$\therefore x \geq 10$

■ 동류항끼리 계산하여 $ax = b(a \neq 0)$형태로 만들고 해를 구합니다.

$x$는 '10보다 크거나 같다' 라는 결론이 나왔습니다. 앞에서 미지수 $x$는 개월 수라 하였습니다. 따라서, $x$는 10이상이므로 최소 10개월 동안 자매가 꾸준히 돈을 모은다면 제주도 여행을 갈 수 있는 최소 비용이 마련됩니다. 이를 컴퓨터는 어떻게 해결할까요?

우선, 문제를 해결하는데 필요한 변수를 선언합니다.

| | |
|---|---|
| · 여행 비용을 모으기 위해 필요한 총 개월 수 | : month |
| · 언니가 지금까지 모은 돈 | : sister1_cost |
| · 동생이 지금까지 모은 돈 | : sister2_cost |
| · 언니가 매달 모으는 돈 | : sister1_save |
| · 동생이 매달 모으는 돈 | : sister2_save |
| · 자매가 매달 모으는 돈 | : total_save |
| · 자매가 모으고 있는 총 여행 비용 | : total_cost |

문제를 해결하는 과정은 5단계로 구분할 수 있습니다.

- **1단계** : 지금까지 모은 비용을 구합니다.
- **2단계** : 지금까지 모은 비용에 자매가 한달동안 모은 비용을 더해 총 비용을 구합니다.
- **3단계** : 총 비용과 최종 모으고자 하는 비용을 비교합니다.
- **4단계** : 비용이 부족하면 2~3단계를 반복합니다.
- **5단계** : 비용을 다 모으면 비용을 모으는데 필요한 개월 수를 출력합니다.

컴퓨터가 절차적으로 문제를 해결해가는 과정을 순서도로 표현해 봅시다.

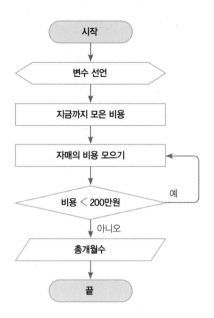

순서도를 바탕으로 200만원을 모으는 기간을 계산해 주는 프로그램을 작성해 봅시다.

코드 5-1-2

```
1    month = 0                              # 여행 비용을 모으기 위해 필요한 개월 수
2    sister1_cost = 30      # 언니의 여행 비용
3    sister2_cost = 20      # 동생의 여행 비용
4    sister1_save = 10      # 언니가 매달 모으는 돈
5    sister2_save = 5       # 동생이 매달 모으는 돈
6
7    total_cost = sister1_cost + sister2_cost      # 두 자매의 현재 여행 비용
8    print("두 자매의 현재 여행 비용은", total_cost , "만원 입니다.")
9    total_save = sister1_save + sister2_save      # 자매가 매달 모으는 돈
10
11   while total_cost < 200 :                       # 200만원이 모일때까지 반복
12       total_cost = total_cost + total_save
13       month = month + 1                          # 개월수 증가
14
15   print("두 자매가 200 만원 이상을 모으는데는", month , "개월이 걸립니다.")
```

실행 결과 ⋯

두 자매의 현재 여행 비용은 50 만원 입니다.
두 자매가 200 만원 이상을 모으는데는 10 개월이 걸립니다.

177

코드 해설 ···▶ 7~8행 : 자매의 현재 여행 비용(sister1_cost, sister2_cost)을 더해 변수 total_cost에 저장하고 값을 출력합니다.

9행 : 두 자매가 한달동안 모을 비용을 계산합니다.

11행 : 총 여행 비용(total_cost)이 200만원 미만인 동안 12~13행을 실행합니다. 여기서 중요한 조건은 total_cost ⟨ 200 입니다.

12행 : 두 자매가 매달 모으는 금액 15만원을 총 비용에 더해줍니다.

13행 : 개월 수를 1 더해줍니다.

15행 : 여행 비용(total_cost)이 200만원 이상이 되면 총 개월 수(month)를 출력합니다.

일차부등식은 실생활에서 우리가 흔히 이야기하는 '크다', '작다'와 같은 비교를 통한 식입니다. 수학에서는 이러한 수식을 만족하는 $x$값을 일차부등식의 해라고 합니다. 코딩에서도 최소 비용이나 최대 비용을 구하고자 할 때 일차부등식을 활용할 수 있습니다. 예를 들어, 제주도 여행을 계획하고 있다면 여행 비용을 모으는 데 걸리는 기간을 구할 수 있습니다. 또한, 나에게 알맞은 최소 비용의 핸드폰 요금제를 선택할 수도 있습니다. 이와 같이 현실적인 문제를 해결할 때 일차부등식을 활용해 보세요.

UNIT **02** 일차방정식

Problem Solving Python with Basic Math

부등식은 두 수 또는 식에 대한 크기를 비교하는 식입니다. 등식은 등호(=)의 양쪽이 서로 같음을 나타내는 식입니다. 등호의 왼쪽은 좌변, 오른쪽은 우변이라 부르고, 좌변과 우변을 통틀어 양변이라고 부릅니다. 식에 등호가 있으면 식이 맞든 틀리든 상관없이 등식이라고 합니요. 식이 맞으면 참인 등식, 틀리면 거짓인 등식이 됩니다.

### 좌변 = 우변

방정식은 등식에 미지수가 존재하는 것입니다. 방정식을 성립하게 하는 미지수를 '방정식의 해'라고 합니다. 일차방정식은 미지수의 최고 차수가 1인 방정식입니다. 예를 들면, $x + 4 = 10$은 일차방정식이고 해는 6입니다.

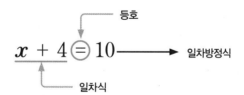

다음 중 일차방정식은 무엇일까요?

(1) $3x - 1 = 3x$

(2) $x^2 = x^2 + 2$

(3) $3(x - 1) = 2x$

(4) $x^2 + 4x = x + 1$

(1) $x$는 좌변으로 상수는 우변으로 이항하면 $3x - 3x = 1$ 이 되고, $0 = 1$이 됩니다. 거짓인 등식이고 미지수가 없으므로 방정식이 아닙니다.

(2) (1)과 마찬가지로 식을 정리하면, $0 = 2$가 되므로 일차방정식이 아닙니다.

(3) 식을 전개하면 $3x - 3 = 2x$이고, $x$항을 좌변으로 이항하고 정리하면 $x - 3 = 0$ 입니다. $x$의 최고 차수가 1인 일차방정식입니다.

(4) $x^2 + 4x = x + 1$에서 $x$항을 좌변으로 이항하면 $x^2 + 3x - 1 = 0$ 됩니다. $x$의 최고 차수가 2이므로 일차방정식이 아닙니다.

따라서, 정답은 (3) $3(x - 1) = 2x$ 입니다.

양변이 같아지는 오직 하나의 값을 구하고자 할 때 일차방정식을 활용할 수 있습니다. 즉, 좌변과 우변이 같아지게 하는 $x$를 찾는 것입니다. 예를 들어, 양의 문제에서는 얼마만큼의 물을 채워야 할지, 시간의 문제로는 얼마나 기다려야 하는지 등 실생활의 예는 무궁무진합니다.

$x + 4 = 10$ 을 구하는 프로그램을 파이썬으로 구현해 봅시다. (단, $0 \le x \le 100$)

코드 5-2-1

```
1   x = range(0, 101)
2   for i in x :
3       if i + 4 == 10 :
4           print(i)
5           break
```

실행 결과 ⟶

```
6
```

코드 해설 ⟶

1행 : $x$값의 범위를 range(초깃값, 마지막값+1) 함수를 이용하여 0 부터 100으로 설정합니다.

2~3행 : 자연수 $x$값을 변수 i 에 하나씩 대입하며 $i + 4 = 10$ 조건을 검사합니다.

4~5행 : 조건을 만족하면 $i$값을 출력하고 반복문이 종료됩니다.

일차방정식도 일차부등식과 마찬가지로 문제를 해결하기 위해서는 조건을 검사하기 위한 반복문이 필요합니다. 그리고, 같은 값을 찾는 비교 알고리즘을 통해 최적의 선택을 할 수 있도록 합니다. 이제 일차방정식을 활용한 실생활 문제 해결 예를 살펴볼까요?

문제 해결하기 ···▶

## 스피드 스케이팅 경주하기

동계올림픽 스피드 스케이팅 경기가 열리고 있다. 자랑스런 한국의 황민첩 선수는 2m/s로 달리고 있으며, 중국의 마이웨이 선수는 황민첩 선수보다 10m 뒤쳐져 달리고 있는 상황이다. 이때, 마이웨이 선수의 속도는 4m/s이다. 마이웨이 선수가 반칙 없이 황민첩 선수를 따라잡으려면 몇 초가 걸리겠는가? 황민첩 선수의 결승점까지 남은 거리는 10m이다.

수학에서 '거속시'라 불리는 공식을 적용하여 봅시다.

## 거리 = 속력 × 시간

두 선수가 같은 지점에 도달되는 시간을 $x$라 하겠습니다. 마이웨이 선수가 달린 거리를 4m/s × $x$초라 하고, 황민첩 선수는 마이웨이 선수보다 10m 앞서 달리고 있으므로 거리를 구하면 (2m/s × $x$초) + 10m 가 됩니다.

식을 구하면 다음과 같습니다.

$4 \times x = (2 \times x) + 10$

$4x - 2x = 10$

$2x = 10$

$x = 5$

마이웨이 선수와 황민첩 선수가 만나는 지점의 시간은 5초 후가 되는 지점입니다. 따라서, 마이웨이 선수가 황민첩 선수를 따라잡으려면 5초의 시간이 걸리며 그 지점의 거리는 속력 × 시간이므로 4m/s × 5초 = 20m 지점이 됩니다. 하지만 결승점까지 남은 거리는 10m이므로 마이웨이 선수는 황민첩 선수를 따라 잡을 수 없게 됩니다.

자, 이제 프로그램에 필요한 변수를 정리하면 다음과 같습니다.

| | |
|---|---|
| · 두 선수가 만나는 지점의 시간 | : x_second |
| · 앞 선수의 속력 | : first_ms |
| · 뒷 선수의 속력 | : second_ms |
| · 두 선수의 거리 차 | : distance |
| · 앞 선수의 거리 | : first_distance |
| · 뒷 선수의 거리 | : second_distance |

문제를 해결하는 과정을 정리해 보면 4단계로 구분할 수 있습니다.

- **1단계** : 두 선수의 현재 위치(속력×시간)를 구합니다.
- **2단계** : 두 선수의 위치를 비교합니다.
- **3단계** : 두 선수의 위치가 같지 않다면 시간을 1초 더하고 1단계부터 다시 실행합니다.
- **4단계** : 두 선수의 위치가 같다면, 그 때의 시간을 출력합니다.

문제 해결과정을 바탕으로 순서도를 작성해 봅시다.

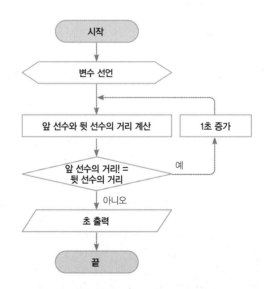

순서도를 바탕으로 두 선수가 만나게 되는 지점과 시간을 계산하는 프로그램을 작성해 봅시다. 이때 조건을 만족할 때까지 반복해야 하므로 while문을 사용합니다.

코드 5-2-2

```
1   x_second = 0        # 두 선수가 만나는 지점의 시간 (s)
2   first_ms = 2        # 앞(황민첩) 선수의 속력 (m/s)
3   second_ms = 4       # 뒷(마이웨이) 선수의 속력 (m/s)
4   distance = 10       # 두 선수의 거리차 (m)
5
6   first_distance = distance  # 앞 선수의 앞선 거리를 현재 위치로 설정
7   second_distance = 0        # 뒷 선수의 현재 위치를 0으로 설정
8
9   while(first_distance != second_distance) :    # 두 선수의 위치가 같지 않
                                                   #  으면 반복문 실행
10      x_second = x_second + 1                    # 시간을 1초 더함
11      first_distance = first_ms * x_second + distance
                                                   # 앞 선수의 현재 위치 계산
12      second_distance = second_ms * x_second     # 뒷 선수의 현재 위치 계산
13  print("뒷 선수는 ", x_second, "초 후에", second_distance, "m 지점에서 추월
    하게 됩니다." )
```

실행 결과 ···

뒷 선수는  5 초 후에 20 m 지점에서 추월하게 됩니다.

코드 해설 ···

9~12행 : 두 선수의 거리가 같지 않다면 반복문 실행합니다.

10행  : 1초를 더해줍니다.

11행  : 앞 선수의 현재 위치를 구합니다.

12행  : 뒷 선수의 현재 위치를 구합니다.

13행  : 최종 두 선수가 만나는 지점의 소요 시간과 거리를 출력합니다. 최종 결과, 뒷 선수가 5초 후에 20m 지점에서 추월하게 됩니다. 그러나, 결승점까지의 거리는 10m이므로 결코 추월할 수 없습니다.

앞의 일차부등식과 비교하여 보세요. 순서도와 알고리즘이 동일한 것을 발견하였나요? 이처럼 일차부등식의 해와 일차방정식의 해를 구하는 것은 결국 동일한 알고리즘이라는 것을 알 수 있습니다. 다만, 반복문에서 같다(=), 같지 않다(≠), 크다(>), 작다(<), 크거나 같다(≥), 작거나 같다(≤)의 조건을 만족하면 됩니다. 이처럼 코딩을 통해 수학을 배우면 수학의 원리를 이해하는데 많은 도움이 됩니다.

# 연립일차방정식

연립일차방정식의 연립은 뭘까요? 연립(聯立)은 '잇대어 서다, 여럿이 어울려 서다'
라는 뜻입니다. 따라서, 일차방정식이 여러 개 있는 식을 연립일차방정식이라고 합
니다. 예를 들면 다음과 같은 식입니다.

$$\begin{cases} ax - by = p \\ cx + dy = q \end{cases}$$

위 식을 만족하는 $x$, $y$값을 구하고자 할 때, 연립일차방정식이 적용됩니다.

연립일차방정식은 '대입법'과 '가감법'을 이용하여 풀이합니다.

예를 들어 $\begin{cases} 2x + 3y = 3 \\ 4x + 5y = 5 \end{cases}$ 을 대입법과 가감법을 이용해 각각 풀어보면 다음과 같습
니다.

$$\begin{cases} 2x + 3y = 3 \quad \text{———— (가)} \\ 4x + 5y = 5 \quad \text{———— (나)} \end{cases}$$

■ **대입법 :**

① (가) 식을 $y$에 대해 정리합니다.

$$2x + 3y = 3$$
$$3y = 3 - 2x$$
$$y = \frac{3 - 2x}{3}$$
$$y = 1 - \frac{2}{3}x$$

② (나) 식에 $y$의 값을 대입하여 $x$의 값을 구합니다.

$$4x + 5\left(1 - \frac{2}{3}x\right) = 5$$

$$4x + 5 - 5\frac{2}{3}x = 5$$

$$4x - \frac{10}{3}x = 0$$

$$\left(4 - \frac{10}{3}\right)x = 0$$

$$\frac{2}{3}x = 0$$

$$x = 0$$

③ (가) 식에 $x$값을 대입하여 $y$값을 구합니다.

$$2 \times 0 + 3y = 3$$

$$3y = 3$$

$$y = 1$$

■ **가감법 :**

① 하나의 미지수를 없애기 위해 (가) 식에 2를 곱합니다.

$$(2x + 3y) \times 2 = 3 \times 2$$

$$4x + 6y = 6$$

② (가) 식에서 (나) 식을 빼서 $x$를 없앱니다.

$$\begin{array}{r} 4x + 6y = 6 \\ -\underline{)\ 4x + 5y = 5} \\ y = 1 \end{array}$$

③ (가) 식에 $y$값을 대입하여 $x$값을 구합니다.

$$2x + 3 \times 1 = 3$$

$$2x = 0$$

$$x = 0$$

넘파이(numpy)에서는 array라는 행렬 단위로 데이터를 관리하며 이에 대해 연산을 수행합니다. 컴퓨터는 여러 개의 동일한 데이터를 처리할 때 행렬 개념을 사용합니다. 그리고 행렬을 컴퓨터에 실제로 저장할 때는 배열로 저장합니다. 행렬에 대해 조금 자세히 공부해 보겠습니다.

### ■ 행렬(matrix)

행렬(matrix)이란 1개 이상의 수나 식을 나열한 것이며, 대괄호([ ])를 사용하여 나타냅니다. 행렬의 가로줄을 행(row)이라 부르고, 세로줄을 열(column)이라 부릅니다. 행렬의 원소는 다음과 같이 두 개의 아래첨자를 사용하여 가리킬 수 있습니다.

$$a_{ij} \quad \xrightarrow{\ j\text{번째 열}\ }$$

$$i\text{번째 행} \downarrow \begin{pmatrix} a_{11} & a_{12} \\ a_{21} & a_{22} \end{pmatrix}$$

예 4개의 원소를 가지는 2 × 2 행렬 $\begin{pmatrix} 1 & 2 \\ 3 & 4 \end{pmatrix}$

9개의 원소를 가지는 3 × 3 행렬 $\begin{pmatrix} 1 & 2 & 3 \\ 4 & 5 & 6 \\ 7 & 8 & 9 \end{pmatrix}$

행렬은 컴퓨터 자료구조인 배열(array)을 가지고 표현합니다. 또한, 3D 프로그래밍에서 영상 데이터를 처리하거나 빅데이터를 분석할 때도 많이 사용합니다. 예를 들어, 4개의 데이터로 구성된 원소가 있습니다. 이 배열의 원소는 모두 같지만, 배열의 형태는 모두 다릅니다. 배열의 가로와 세로의 형태가 각각 다르기 때문입니다.

| 행 × 열 | 1행 × 4열 | 2행 × 2열 | 4행 × 1열 |
|---|---|---|---|
| 배열 형태 | | | |

$\begin{pmatrix} 1 & 2 \\ 3 & 4 \end{pmatrix}$ 행렬은 $2 \times 2$ 배열로 [[1, 2], [3, 4]] 와 같이 표현합니다.

$\begin{pmatrix} 1 & 2 & 3 \\ 4 & 5 & 6 \\ 7 & 8 & 9 \end{pmatrix}$ 행렬은 $3 \times 3$ 배열로 [[1, 2, 3], [4, 5, 6], [7, 8, 9]] 와 같이 표현합니다.

$\begin{cases} 2x + 3y = 3 \\ 4x + 5y = 5 \end{cases}$ 와 같은 연립 방정식을 행렬로 표현하면 다음과 같습니다.

$$\begin{pmatrix} 2 & 3 \\ 4 & 5 \end{pmatrix} \begin{pmatrix} x \\ y \end{pmatrix} = \begin{pmatrix} 3 \\ 5 \end{pmatrix}$$

넘파이(numpy)를 이용하여 연립일차방정식의 해 $x$, $y$ 값을 구해 볼까요? 파이썬에서는 복잡한 계산없이 numpy.linalg.solve( )를 이용하여 간단하게 값을 구할 수 있습니다.

| numpy.linalg.solve() | A$x$=B 형태의 선형대수식 해를 구해주는 함수입니다. |
|---|---|

$\begin{cases} 2x + 3y = 3 \\ 4x + 5y = 5 \end{cases}$ 을 구하는 프로그램을 파이썬으로 구현해 봅시다.

```
1   import numpy as np          #numpy 라이브러리를 불러옵니다.
2   A = np.array([[2, 3], [4, 5]]) #식을 행렬로 표현
3   B = np.array([3, 5])
4   C = np.linalg.solve(A, B)    #식의 해를 C에 저장합니다.
5   print(C)
```

실행 결과 ···

```
[0. 1.]
```

코드 해설 ···

1행 : numpy 라이브러리를 import 합니다. np 변수명으로 numpy 라이브러리 모듈을 사용할 수 있게 해줍니다.

2~3행 : $\begin{cases} 2x + 3y = 3 \\ 4x + 5y = 5 \end{cases}$ 식을 행렬로 표현합니다. 그리고, $A = \begin{pmatrix} 2 & 3 \\ 4 & 5 \end{pmatrix}$

$B = \begin{pmatrix} 3 \\ 5 \end{pmatrix}$ 로 배열 A와 B에 각각 저장합니다.

4행 : np.linalg.solve(A, B) 함수를 이용해 해를 구한 후 배열 C에 저장합니다.

5행 : 결괏값인 배열 C를 출력합니다.

파이썬으로 연립일차방정식의 해를 구하는 방법은 수학을 이용해서 푸는 방법보다 훨씬 간단합니다. 왜냐하면, 파이썬이 numpy라고 하는 도구를 이용하여 복잡한 수치계산을 컴퓨터가 대신 하도록 하였기 때문입니다. 이렇듯 코딩이 처음에는 어려울 수 있으나 잘 익혀서 사용하면 복잡한 문제의 답을 쉽게 구하는 것을 경험할 수 있을 것입니다. 가격과 개수를 구하는 문제를 실생활에 적용해 볼까요?

문제 해결하기 ···

### 축구장 티켓 판매 개수 구하기

축구 경기 티켓이 어른은 5만원, 청소년은 3만원에 판매되었다. 이 경기장 티켓이 150장 팔렸고 총 수입액은 550만원이었다. 축구 경기 티켓을 구매한 어른과 청소년의 수를 각각 구하라.

우선, 수식을 이용하여 문제를 풀어보겠습니다.

어른의 티켓 수를 $x$라 하고, 청소년의 티켓 수를 $y$라 정합니다. 그러면 전체 판매 티

켓 수가 150장이므로 일차방정식을 만들 수 있습니다. 그리고, 총 수입은 가격 * 티켓 수를 이용하여 하나의 식을 더 세웁니다.

- $x$장 + $y$장 = 150장

- $(50,000원 \times x장) + (30,000원 \times y장) = 5,500,000원$

  식을 간단하게 하기 위해, 단위를 만원으로 합니다.

  $\Rightarrow (5만원 \times x장) + (3만원 \times y장) = 550만원$

이 두 개의 식을 이용하여 연립일차방정식을 세웁니다.

$$\begin{cases} x + y = \quad 150 \\ 5x + 3y = 550 \end{cases}$$

이제 위 문제를 행렬로 표현해 보겠습니다.

연립방정식 $\begin{cases} x + y = \quad 150 \\ 5x + 3y = 550 \end{cases}$ 을 행렬로 $\begin{pmatrix} 1 & 1 \\ 5 & 3 \end{pmatrix}\begin{pmatrix} x \\ y \end{pmatrix} = \begin{pmatrix} 150 \\ 550 \end{pmatrix}$ 표현합니다.

행렬로 표현했으니 numpy를 활용하여 프로그래밍이 가능합니다.

코드 5-3-2

```
1  import numpy as np
2  A = np.array([[1,1], [5,3]])
3  B = np.array([150, 550])
4  total_ticket = np.linalg.solve(A, B)
5  print("어른 티켓은 ", round(total_ticket[0]), "장, 청소년 티켓은",
   round(total_ticket[1]), "장 판매되었습니다." )
```

실행 결과 ⋯

어른 티켓은  50 장, 청소년 티켓은 100 장 판매되었습니다.

1행     : numpy 라이브러리를 가져옵니다.

2∼3행 : 행렬로 표현된 것을 A, B 배열로 저장합니다.

4∼5행 : np.linalg.solve(A, B)함수는 연립일차방정식의 해를 구해 total_tickct 에 값을 배열로 저장합니다. 최종값은 total_tickct = [50. 100.] 리스트 로 저장됩니다. 따라서, $x = 50$ , $y = 100$ 이 연립방정식의 해가 됩니다.

연립일차방정식은 일차방정식이 여러 개 있는 것을 말합니다. 여기서는 일차방정식 이 2개 있는 연립방정식을 이해하고 이를 컴퓨터에서 행렬로 표현한다는 것을 배웠 습니다. 또한 파이썬에서는 numpy를 이용하면 수학에서 배운 수식을 사용하지 않 고도 쉽게 해를 구하는 방법을 프로그래밍해 보았습니다. 수학을 공부할때는 개념이 깊어지면서 계산도 복잡해지는 것을 경험했을 것입니다. 계산이 잘되지 않아 수포자 를 선택하기도 하고요. 하지만, 코딩을 하게 되면 개념만 잘 이해하면 됩니다. 계산 은 컴퓨터의 몫이니까요.

# 04 이차방정식

Problem Solving Python with Basic Math

이차방정식은 $x$의 최고 차수가 2인 다항방정식입니다. 이차방정식의 일반적인 형태는 $ax^2 + bx + c = 0\,(a \neq 0)$ 입니다. $x$는 미지수이며, $a$, $b$는 계수, $c$는 상수항이라고 부릅니다. 방정식의 해를 근이라고도 부르니 이번 장에서는 근이라고 하겠습니다. 이차방정식의 근의 개수는 일반적으로 2개입니다. 하지만 2개의 근이 같은 값일 경우 근의 개수는 1개입니다. 이를 중근(중복된 근)이라 합니다. 또한 근이 존재하지 않는 경우도 있습니다.

$$\underset{\text{계수}}{\underbrace{a}}\overset{\text{차수}}{x^2} + \underset{\phantom{.}}{bx} + \underset{\text{상수}}{c} = 0$$

이차방정식은 판별식(D)의 값에 따라 근의 개수가 달라집니다.

$$D = b^2 - 4ac$$

D > 0 : 서로 다른 두 근을 갖는다.
D = 0 : 중근(한근)을 갖는다.
D < 0 : 근이 없다.

### • 근이 두 개인 경우(D > 0)

판별식 값이 0 보다 큰 값이 나오며, 근이 두 개인 경우입니다.

이차방정식 $2x^2 + 3x + 1 = 0$의 판별식을 구해보겠습니다.

191

CHAPTER **5** **04** 이차방정식

$$D = (-3)^2 - 4 \times 2 \times 1$$
$$= 1$$

D값이 0 보다 크므로 서로 다른 두 근을 갖습니다.

이차방적식의 근을 구하는 공식입니다.

앞에서 판별식(D) 값이 1이 나왔으므로 이 값을 $\sqrt{b^2 - 4ac}$ 에 대입하여 계산합니다.

한 근은 $\dfrac{-b + \sqrt{b^2 - 4ac}}{2a}$ 이므로 $\dfrac{-(-3) + \sqrt{1}}{2 \times 2} = 1$

다른 한 근은 $\dfrac{-b - \sqrt{b^2 - 4ac}}{2a}$ 이므로 $\dfrac{-(-3) - \sqrt{1}}{2 \times 2} = \dfrac{2}{4} = \dfrac{1}{2} = 0.5$ 입니다.

즉, $2x^2 - 3x + 1 = 0$의 두 근 $x$의 값은 1과 0.5 입니다

### • 근이 한 개(중근)인 경우(D = 0)

판별식 값이 0 이 나옵니다. 이차방정식 $x^2 + 2x + 1 = 0$의 판별식 $D = b^2 - 4ac$ 는 $2^2 - 4 \times 1 \times 1 = 0$이므로 한 개의 근을 갖습니다.

따라서,

$$\frac{-b + \sqrt{b^2 - 4ac}}{2a} = \frac{-2 + 0}{2 \times 1} = -1$$

$$\frac{-b - \sqrt{b^2 - 4ac}}{2a} = \frac{-2 - 0}{2 \times 1} = -1$$로 동일한 근 $x = -1$ 이 나옵니다.

## • 근이 없는 경우(D 〈 0)

판별식 값이 0보다 작습니다. 이차방정식 $3x^2 + x + 1 = 0$의 판별식 $D = b^2 - 4ac$ 는 $1^2 - 4 \times 3 \times 1 = -11$로 음수값이 나오므로 근이 없습니다.

코드 5-4-1

```python
1   import math
2
3   def D(a, b, c) : #판별식(Discriminant) 구하기
4       return(b**2 - 4*a*c)
5
6   print('++++++++++++++++++++++++++++++++++++++++')
7   print(' 2차 방정식 a*x^2 + b*x + c의 근 구하기 ')
8   print('++++++++++++++++++++++++++++++++++++++++')
9   a = float(input(' a의 값을 입력하십시오 : '))
10  b = float(input(' b의 값을 입력하십시오 : '))
11  c = float(input(' c의 값을 입력하십시오 : '))
12  print('++++++++++++++++++++++++++++++++++++++++')
13
14  d = D(a, b, c)
15
16  if d > 0 :
17      x1 = (-b + math.sqrt(d))/(2*a)
18      x2 = (-b - math.sqrt(d))/(2*a)
19      print('⇒ 서로 다른 근', x1, '와(과)', x2, '입니다.')
20  elif d == 0 :
21      x1 = (-b + math.sqrt(d))/(2*a)
22      print('⇒ 중근', x1, '입니다.')
23  else :
24      print('⇒ 근이 존재하지 않습니다.')
```

CHAPTER 5  04 이차방정식

우선, $2x^2 - 3x + 1 = 0$의 값을 대입합니다.

```
++++++++++++++++++++++++++++++++++++
   2차 방정식 a*x^2 + b*x + c의 근 구하기
++++++++++++++++++++++++++++++++++++
 a의 값을 입력하십시오 : 2
 b의 값을 입력하십시오 : -3
 c의 값을 입력하십시오 : 1
++++++++++++++++++++++++++++++++++++
⇒ 서로 다른 근 1.0 와(과) 0.5 입니다.
```

이번에는 $x^2 + 2x + 1 = 0$ 값을 대입합니다.

```
++++++++++++++++++++++++++++++++++++
   2차 방정식 a*x^2 + b*x + c의 근 구하기
++++++++++++++++++++++++++++++++++++
 a의 값을 입력하십시오 : 1
 b의 값을 입력하십시오 : 2
 c의 값을 입력하십시오 : 1
++++++++++++++++++++++++++++++++++++
⇒ 중근 -1.0 입니다.
```

마지막으로, $3x^2 + x + 1 = 0$의 값을 대입합니다.

```
++++++++++++++++++++++++++++++++++++
   2차 방정식 a*x^2 + b*x + c의 근 구하기
++++++++++++++++++++++++++++++++++++
 a의 값을 입력하십시오 : 3
 b의 값을 입력하십시오 : 1
 c의 값을 입력하십시오 : 1
++++++++++++++++++++++++++++++++++++
⇒ 근이 존재하지 않습니다.
```

따라서,

$2x^2 - 3x + 1 = 0$은 $x = 1$, $x = 0.5$ 두 개의 근을 갖습니다.

$x^2 + 2x + 1 = 0$은 $x = -1$의 한 개의 근을 갖습니다.

$3x^2 + x + 1 = 0$은 근이 존재하지 않습니다.

코드 해설 ⋯

1행 : import는 이미 만들어 놓은 파이썬 라이브러리 모듈을 사용할 수 있게 해주는 명령어입니다. 수학함수를 사용하기 위해 math 라이브러리를 가져옵니다.

3~4행 : 판별식 $D = b^2 - 4ac$ 의 값을 구합니다.

9~11행 : 계수 a, b와 상수 c를 입력받고, 입력받은 문자열을 실수로 바꿉니다. input( )은 키보드로부터 문자열을 입력받는 함수입니다. float( )은 이를 실수값으로 바꾸어 주는 함수입니다.

14행 : 판별식을 구하는 함수 D(a, b, c)를 호출하여 변환된 값을 변수 d에 저장합니다.

16~19행 : 입력받은 a, b, c 세 값과 판별식 d값을 이용해 일차방정식의 근을 구합니다. 판별식(d)값이 0보다 크면 두 개의 근이 존재합니다. 두 개의 근을 출력합니다.

20~22행 : d값이 0이면 중근이므로 한 개 존재하고, 한 개의 근을 출력합니다.

23~24행 : d값이 0보다 작으면 '근이 존재하지 않습니다.'란 메시지를 출력합니다.

지금까지 이차방정식의 개념과 판별식, 그리고 근의 공식을 배웠습니다. 그리고, 이를 이용하여 이차방정식의 근을 구해 보겠습니다

문제 해결하기 ⋯

## 클레이 사격

가족과 클레이 사격장에 놀러 가 클레이 사격을 하는 중이다. 초속 25m로 쏘아올린 클레이의 $t$ 초 후의 높이는 $(25t - 5t^2)m$ 이다. 클레이의 높이가 20m가 되는 것은 클레이를 던진 지 몇 초 후가 되겠는가? 또, 클레이가 지면에 떨어지는 것은 쏘아 올린 지 몇 초(t) 후인가?

■ 클레이의 높이가 $20m$가 되는 것은 클레이를 던진 지 몇 초 후가 되겠는가?

문제를 해결하는 과정은 총 4단계입니다.

• 1단계 : 미지수 정하기

여기서 우리가 알고 싶은 미지수(변수)는 클레이를 쏘아 올리고 나서 높이가 20m가 되는 지점의 초(t)입니다.

- **2단계** : 방정식 세우기

  우선, 쏘아올린 클레이의 t초 후의 높이는 $(25t - 5t^2)m$ 인데, 이 높이가 20m가 되어야 하므로 $25t - 5t^2 = 20$과 같은 식을 세울 수 있습니다.

- **3단계** : 방정식 풀기

  이차방정식으로 정리하면, $-5t^2 + 25t - 20 = 0$ 가 됩니다. 이를 양변에 $-5$로 나누면 $t^2 - 5t + 4 = 0$이 됩니다. 이제 인수 분해에 의해 $(t - 1)(t - 4) = 0$이 므로 $t = 1$, 또는 $t = 4$ 가 됩니다. 즉, 클레이 높이가 20m가 되는 것은 공을 던진 지 1초 또는 4초 후가 되는 것을 알 수 있습니다.

- **4단계** : 확인하기

  따라서, 클레이를 쏘아올린지 1초와 4초에 높이 20m지점을 향해 쏘면 클레이를 맞출 수 있습니다.

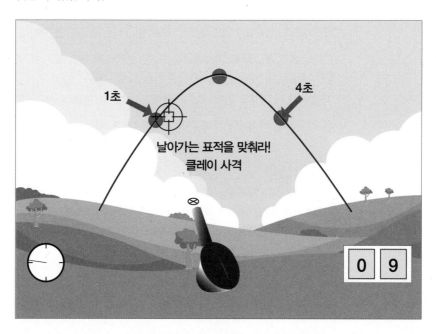

프로그램을 순서도로 표현해 보겠습니다.

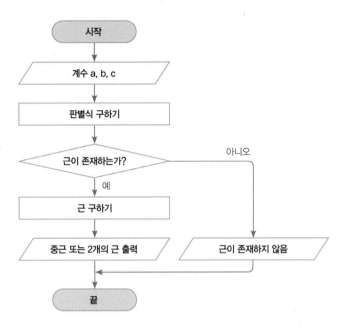

순서도를 바탕으로 프로그램을 작성해 보겠습니다.

코드 5-4-2

```
1   import math
2
3   def D(a, b, c) : #판별식(Discriminant) 구하기
4       return(b**2-4*a*c)
5
6   def QuadraticFormula(a, b, d) : #근의 공식(Quadratic Formula) 구하기
7       x1 = (-b+math.sqrt(d))/(2*a)
8       x2 = (-b-math.sqrt(d))/(2*a)
9       return x1, x2
10
11  print('++++++++++++++++++++++++++++++++++++++++')
12  print(' 2차 방정식 a*x^2 + b*x + c의 근 구하기 ')
13  print('++++++++++++++++++++++++++++++++++++++++')
14  a = float(input(' a의 값을 입력하십시오 : '))
15  b = float(input(' b의 값을 입력하십시오 : '))
16  c = float(input(' c의 값을 입력하십시오 : '))
17  print('++++++++++++++++++++++++++++++++++++++++')
18
```

```
19   d = D(a, b, c)
20
21   if d > 0 :
22       x1, x2 = QuadraticFormula(a, b, d)
23       print('⇒ 서로 다른 근', x1, '와(과)', x2, '입니다.')
24   elif d == 0 :
25       x1, x2 = QuadraticFormula(a, b, d)
26       print('⇒ 중근', x1, '입니다.')
27   else :
28       print('⇒ 근이 존재하지 않습니다.')
```

$-5t^2 + 25t - 20 = 0$의 값을 대입합니다.

```
++++++++++++++++++++++++++++++++++++++
  2차 방정식 a*x^2 + b*x + c의 근 구하기
++++++++++++++++++++++++++++++++++++++
 a의 값을 입력하십시오 : -5
 b의 값을 입력하십시오 : 25
 c의 값을 입력하십시오 : -20
++++++++++++++++++++++++++++++++++++++
⇒ 서로 다른 근 1.0 와(과) 4.0 입니다.
```

코드 해설 ⋯

3~4행   : 판별식 값을 구해 전달합니다.

6~9행   : 계수 a, b와 판별식 d를 전달받습니다.

19행    : 판별식을 구하는 함수 D(a, b, c)를 호출하여 반환된 값을 변수 d에 저장합니다.

21~28행 : 판별식(d)값이 0 보다 크면 두 개의 근이 존재하며 입력받은 a, b값과 판별식 d값을 QuadraticFormula( )함수에 전달하여 2차 방정식의 근(x1, x2)을 구합니다. d값이 0이면 중근을 출력하고, 음수이면 근이 존재하지 않습니다.

■ 클레이가 지면에 떨어지는 것은 쏘아 올린 지 몇 초(t) 후인가?

다음으로, 클레이가 지면에 떨어지는 높이는 0m이므로 $25t - 5t^2 = 0$이 됩니다.

$-5t^2 + 25t = 0$ 따라서, $t^2 - 5t = 0$ 이 된다. 인수분해에 의해 $t(t-5) = 0$ 이므로 t=0, 또는 t=5 가 나옵니다. 따라서, 클레이가 지면에 위치하는 시간은 0초와 5초가 됩니다. 클레이를 지면에서 쏘아올려 다시 지면으로 떨어지는 것은 5초 후가 되므로 그 전에 클레이를 쏴서 맞추어야 합니다.

$-5t^2 + 25t = 0$ 의 2차 방정식 구하기

실행 결과 ⋯▸

```
+++++++++++++++++++++++++++++++++++++
   2차 방정식 a*x^2 + b*x + c의 근 구하기
+++++++++++++++++++++++++++++++++++++
 a의 값을 입력하십시오 : -5
 b의 값을 입력하십시오 : 25
 c의 값을 입력하십시오 : 0
+++++++++++++++++++++++++++++++++++++
=> 서로 다른 근 -0.0 와(과) 5.0 입니다.
```

이차방정식에서 판별식을 이용하여 근의 존재와 갯수를 알아보고, 근의 공식으로 근을 구하는 프로그램을 작성해 보았습니다. 이차방정식은 뒤에 나올 그래프와도 밀접한 관련이 있습니다. 클레이를 쏘아올리면 공중으로 올라갔다가 다시 땅으로 떨어지며 포물선을 그리게 됩니다. 이것이 바로 그래프입니다. 다음 장에서는 파이썬으로 그래프를 그리는 방법을 배워보도록 하겠습니다.

chapter

# 6

## 함수와 그래프

이번 단원에서는 좌표평면, 일차함수의 기울기와 절편, 이차함수의 기울기와 절편을 공부합니다. 또한 일차함수와 직선 그래프의 관계, 이차함수와 포물선 그래프의 관계를 학습합니다. 파이썬에서는 맷플롯립(matplotlib) 라이브러리를 제공하므로 다양한 그래프를 간단하게 그릴 수 있습니다. 먼저 수학 개념을 제대로 이해하게 되면 자연스럽게 실생활 문제 해결에 활용할 수 있습니다. 일차함수와 이차함수를 통해 일상의 다양한 문제들을 함께 해결해 보겠습니다.

# UNIT 01 일차함수와 그래프

Problem Solving Python with Basic Math

함수와 그래프를 이해하기 위해서는 먼저 좌표평면을 이해해야 합니다. 좌표평면은 $x$축과 $y$축이 이루는 평면을 뜻합니다. $x$축은 가로의 수직선을 $y$축은 세로의 수직선을 나타내며 이 두 수직선을 좌표축이라고 합니다. 또 두 좌표축이 만나는 점 $(0,0)$을 원점이라고 합니다. 원점을 기준으로 $x$축은 오른쪽이 양수, 왼쪽이 음수입니다. $y$축은 원점을 기준으로 위쪽은 양수, 아래쪽이 음수입니다. 좌표평면 위의 점 P의 $x$좌표가 $a$, $y$좌표가 $b$일 때 순서쌍 $(a, b)$를 점 P의 좌표라고 하며 기호로 P$(a, b)$와 같이 나타냅니다.

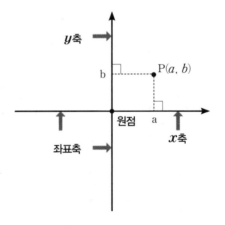

좌표평면은 좌표축에 의하여 네 부분으로 나눠집니다. $x$축과 $y$축이 모두 양수인 부분을 제1사분면으로 하여 반시계 방향으로 제2사분면, 제3사분면, 제4사분면이라 합니다. 좌표축 위의 점은 어느 사분면에도 속하지 않습니다.

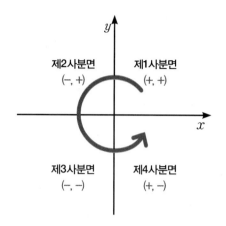

앞서 $x + 4 = 10$과 같은 일차방정식을 배웠습니다. 여기에 $y$를 하나 더 추가하면 됩니다. 이 두 변수 $x$와 $y$ 사이에는 특별한 관계가 있습니다. 바로, 두 변수 $x$, $y$에 대하여 변수 $x$값에 따라 $y$값이 정해지기 때문입니다. 이를 $y$는 $x$의 함수라고 하며 기호로 $y = f(x)$와 같이 나타냅니다. 아래 그림과 같이 함수는 입력값($x$)에 따라 출력값($y$)을 만들어 내는 상자와 같습니다. 이때 최고차항의 차수가 1인 함수를 일차함수라고 부르고 이를 좌표평면위에 그래프로 표현할 수 있습니다.

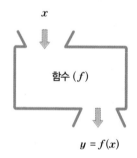

예를 들어, 볼펜 수량에 따라 총금액에 변화가 있다고 가정해 봅시다.

| 볼펜 수량 | 1 | 2 | 3 | 4 | 5 |
|---|---|---|---|---|---|
| 총금액 | 500 | 1,000 | 1,500 | 2,000 | 2,500 |

볼펜 수량이 한 자루 늘어남에 따라 총금액이 500원씩 증가함을 확인할 수 있습니다. 볼펜의 수량을 $x$, 총금액을 $y$라고 한다면 $y = 500x$라는 식이 성립하게 됩니다.

이처럼 $y=500x$는 최고차항의 차수가 1이므로 일차함수에 속합니다.

함수 $y=500x$를 파이썬을 이용하여 그래프로 그려봅시다.

코드 6-1-1

```python
1    import matplotlib.pyplot as plt
2    import numpy as np
3
4    x = np.arange(0, 6)     # 0부터 5까지의 정수 저장
5    plt.plot(x, 500*x)      # 직선그래프 그리기
6    plt.grid()              # 격자 그리기
7    plt.show()              # 그래프 그리기
```

실행 결과 ⋯▶

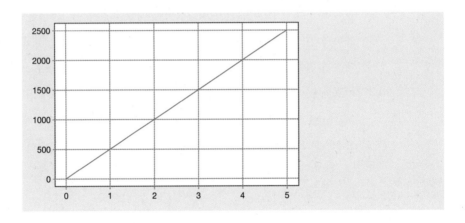

코드 해설 ⋯▶

1행 : matplotlib 라이브러리의 pyplot 모듈을 불러오기 위해 작성합니다.

2행 : numpy 라이브러리를 불러오기 위해 작성합니다.

4행 : x라는 배열에 0부터 5까지의 정수가 저장됩니다.

5행 : plot( ) 함수는 점과 점을 잇는 그래프를 그릴 때 사용합니다. plot(x, y)은 좌표(x, y)에 해당하는 점들을 잇는 그래프가 그려집니다.

6행 : 좌표평면에 격자를 그려줍니다.

7행 : 그래프를 보여줍니다.

일차함수 $y=ax+b$에서 $x$ 값의 증가량에 대한 $y$ 값의 증가량의 비율은 $a$와 같습니다. 이 증가량의 비율 $a$를 일차함수 $y=ax+b$ 그래프의 기울기라고 합니다. $y$ 절편은 $y$축과 만나는 점의 $y$좌표로, $x=0$일 때 $y$값을 의미합니다. 따라서 일차함

수 $y = ax + b$에서 $x = 0$일 때, $y = b$가 되므로 $y$절편은 $b$입니다.

$$y = ax + b$$

기울기    $y$절편

일차함수의 기울기와 $y$절편에 따른 그래프를 비교해 봅시다.

## 기울기 $a$가 양수인 경우

기울기 $a$가 양수일 경우의 그래프를 파이썬 프로그램을 이용해 확인해 봅시다.

코드 6-1-2

```
1   import matplotlib.pyplot as plt
2   import numpy as np
3
4   x = np.arange(-5, 6) # -5부터 5까지의 정수 저장
5   for i in [0.5, 2, 5] :
6       plt.plot(x, i*x, label = 'y = {}x'.format(i)) # 직선그래프 그리기
7   plt.grid() # 격자 그리기
8   plt.legend(fontsize = 14, loc = 4) # 범례표시(글자크기:14, 위치:오른쪽하단)
9   plt.show()
```

실행 결과 ···▶

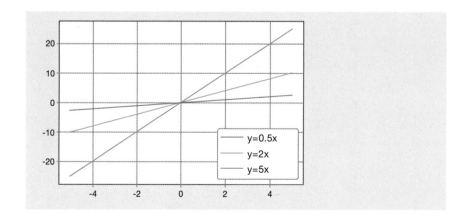

205

4행 : x라는 배열에 −5부터 5까지의 정수가 저장됩니다.

5행 : i값이 0.5, 2, 5일 때 직선 그래프를 그립니다.

6행 : label 속성은 범례 이름을 넣을 때 사용합니다. 'y = { }x'.format(i) 은 { } 안에 i값을 넣어 표시합니다. 즉, i 변수에는 0.5, 2, 5 값이 'y = { }x'에 대입되어 $y = 0.5x$, $y = 2x$, $y = 5x$ 로 범례가 차례로 표시됩니다.

$$\text{'y = \{ \}x'.format(i)}$$

$$i = 0.5,\ 2,\ 5$$

| format( ) | 변수의 값을 원하는 위치에 출력합니다. |
|---|---|

7행 : 그래프 배경에 격자무늬를 표시합니다.

8행 : 범례를 표시하기 위해 legend( ) 함수를 선언합니다. fontsize 속성은 범례의 글자 크기를, loc 속성은 범례의 위치를 나타냅니다. 따라서 글자 크기는 14, loc 속성값이 4로 범례는 오른쪽 아래에 배치하게 됩니다.

**※ loc 속성**

| Location Code | Location String | Location Code | Location String |
|---|---|---|---|
| 0 | 'best' | 5 | 'right' |
| 1 | 'upper right' | 6 | 'center left' |
| 2 | 'upper left' | 7 | 'lower center' |
| 3 | 'lower left' | 8 | 'upper center' |
| 4 | 'lower right' | 9 | 'center' |

```
plt.legend(loc=4)
plt.legend(loc='lower right')
```

9행 : 그래프를 보여줍니다.

일차함수의 그래프 모양을 잘 살펴볼까요? 기울기 $a$가 지금처럼 양수 0.5, 2, 5일 경우에는 $x$값이 증가할수록 $y$값도 증가하기 때문에 그래프 모양은 오른쪽 위로 향하는 직선이 됩니다. 또한 기울기 $a$의 절댓값이 클수록 $y$축에 가까워지고, $a$의 절댓값이 작을수록 $x$축에 가까워집니다.

## 기울기 $a$가 음수인 경우

기울기 $a$가 음수일 경우의 그래프를 파이썬 프로그램을 이용해 확인해 봅시다.

코드 6-1-3

```python
1   import matplotlib.pyplot as plt
2   import numpy as np
3
4   x = np.arange(-5, 6) # -5부터 5까지의 정수 저장
5   for i in [-0.5, -2, -5] :
6       plt.plot(x, i*x, label = 'y = {}x'.format(i)) # 직선그래프 그리기
7   plt.grid() # 격자 그리기
8   plt.legend(fontsize = 14, loc = 3) # 범례표시(글자크기:14, 위치:왼쪽하단)
9   plt.show()
```

실행 결과 ···▶

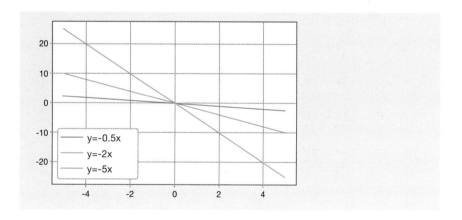

코드 해설 ···▶
4행 : x라는 배열에 -5부터 5까지의 정수가 저장됩니다.

5행 : i 값이 -0.5, -2, -5일 때의 그래프를 그립니다.

8행 : 범례 글자 크기는 14, loc 속성값이 3으로 범례는 왼쪽 아래에 배치하게 됩니다.

이번에도 그래프 모양을 잘 살펴보세요. 아까와는 반대로 기울기 $a$가 음수일 경우에는 $x$값이 증가할수록 $y$값이 감소하기 때문에 그래프 모양은 오른쪽 아래로 향하는 직선이 됩니다. 하지만, 기울기는 동일하게 $a$의 절댓값이 클수록 $y$축에 가까워지고, $a$의 절댓값이 작을수록 $x$축에 가까워집니다. 결론적으로 기울기 $a$가 양수이면 오른쪽 위로, 음수이면 이와 반대로 직선이 그려집니다. 하지만, 기울기는 모두 동일하게 $a$의 절댓값이 클수록 $y$축에 가까워집니다.

## $y$ 절편에 따른 그래프

$y$절편 $b$값에 따른 그래프를 파이썬 프로그램을 이용해 확인해 봅시다.

코드 6-1-4

```
1    import matplotlib.pyplot as plt
2    import numpy as np
3
4    x = np.arange(-10, 11)      # -10부터 10까지의 정수 저장
5    b = np.arange(-5, 5, 2)     # -5부터 4까지 2간격으로 정수 저장
6    for i in b:                 # 직선그래프 그리기
7      if i > 0:
8        plt.plot(x, x+i, label = 'y = x+{}'.format(i)) # y절편이 양수일 경우
9      if i < 0:
10       plt.plot(x, x+i, label = 'y = x-{}'.format(abs(i))) # y절편이 음수일
                                                              경우
11   plt.grid()                  # 격자 그리기
12   plt.legend(fontsize = 12)   # 범례표시(글자크기:12)
13   plt.show()
```

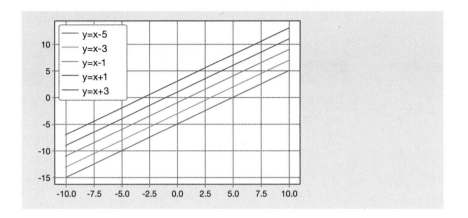

위 실행결과 $y$절편 $b$값이 커질수록 그래프가 위쪽으로 그려지는 것을 알 수 있습니다.

코드 해설 ···▶

5행 : b라는 배열에 −5부터 4까지 2간격으로 정수가 저장됩니다. 따라서 b는 −5, −3, −1, 1, 3을 갖게 됩니다.

6행 : b에 −5, −3, −1, 1, 3이 저장되어 있으므로 i가 −5, −3, −1, 1, 3 일 때 for문을 반복합니다.

7행 : 범례 표시를 위해 i값이 양수, 음수일 때 나눠서 출력합니다. i값이 양수일 때 8행 명령어를 실행합니다.

8행 : i가 1, 3 일 때 $y = x + 1$, $y = x + 3$의 그래프 및 범례를 표시합니다.

9행 : i값이 음수 일 때 10행 명령어를 실행합니다.

10행 : i가 −5, −3, −1 일 때 $y = x - 5$, $y = x - 3$, $y = x - 1$의 그래프 및 범례를 표시합니다. abs( ) 함수를 이용하여 i의 절댓값을 구해 범례를 $y = x - 5$, $y = x - 3$, $y = x - 1$로 표시합니다. 또 다른 방법으로는 표시형식을 plt.plot(x, x+i, label = 'y = x{}'.format(i))으로 하는 것도 가능합니다.

일차함수와 그래프에서는 matplotlib 라이브러리내의 pyplot 모듈을 활용하여 plot( ) 직선 그래프를 그리는 방법을 학습하였습니다. 또한, 기울기 값(양수 또는 음수)에 따른 방향과 기울기 변화, 절편 값에 따른 그래프의 위치 변화도 확인하였습니다. 다음 일차함수와 그래프의 활용에서는 plot( ) 함수에서 사용할 수 있는 범례,

축 제목, 폰트, 격자 무늬 표시 등 여러 옵션에 대해서 학습하도록 하겠습니다.

문제 해결하기 ···▶

## 양초의 길이 변화 구하기

> 길이가 30cm인 양초에 불을 붙였더니 15분마다 3cm씩 줄어들고 있다. 2시간 후의 양초의 길이가 궁금해졌다면 이를 어떻게 구해야 할까?

남은 양초 길이를 일차함수와 그래프를 이용하여 구해봅시다. 우선, 식에 필요한 미지수를 선언하고 이를 식으로 구해봅시다.

– 시간(분) : $x$

– 남은 양초의 길이(cm) : $y$

15분마다 3cm씩 줄어들기 때문에 1분마다 0.2cm씩 줄어듭니다. 이를 함수로 표현하면 $y = 30 - 0.2x$입니다.

2시간을 분으로 바꾸면 60분 × 2시간 = 120분이므로

$y = 30 - 0.2x$ 함수에 $x = 120$을 대입하면

$y = 30 - 0.2 \times 120$

$y = 30 - 24$

$y = 6$

따라서, 2시간 후에 양초의 길이는 6cm입니다.

이제, 파이썬 프로그램을 이용해 양초 길이를 일차함수와 그래프를 이용하여 구해봅시다. 먼저 프로그래밍에 필요한 변수를 선언합니다.

| | |
|---|---|
| · 시간(분) | : mlen |
| · 남은 양초의 길이(cm) | : flen |

코드 6-1-5

```
1   import matplotlib.pyplot as plt
2   import numpy as np
3
4   flen = 30                     # 양초의 총길이
5   mlen = 0.2                    # 양초의 분당 변화 길이
6
7   x = np.arange(0, 121)         # 0부터 120분까지의 정수 저장
8
9   plt.plot(x, flen - mlen * x)  # 직선그래프 그리기
10
11  for i in x :
12      if i == 120 :
13          y = flen - mlen*i
14          plt.scatter(i, y, color='red')
15          plt.text(i, y, "("+ str(i) + "," + str(y) + ")",
16                  fontsize=15,
17                  color="red",
18                  verticalalignment ='top',
19                  horizontalalignment ='center')
20
21  plt.grid()                    # 격자 그리기
22  plt.show()                    # 그래프 그리기
```

실행 결과 ┈→

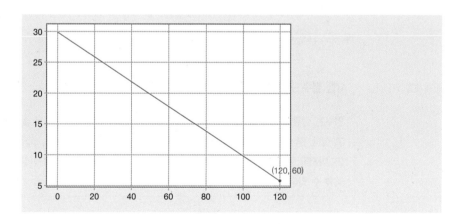

오른쪽 그래프를 보게 되면 0초에 30cm인 양초가 불에 타면서 2시간(120분) 후 양초의 길이가 6cm임을 그래프를 통해 쉽게 확인할 수 있습니다.

211

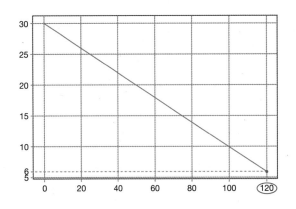

코드 해설 ···▶ 4행       : 처음 양초의 길이인 flen에 30을 저장합니다.

5행       : 양초가 1분 동안 줄어드는 길이인 mlen에 0.2를 저장합니다.

9행       : 직선그래프를 그립니다.

14행      : 빨강색 점(dot)을 찍습니다.

15~19행 : (120, 6.0) 좌표값을 표시합니다.

이처럼 일차함수 그래프를 그리면 양초의 길이가 처음에는 30cm 였으나 시간이 지남에 따라 점점 짧아져서 120분이 지난 후에는 6cm 길이가 되는 것을 시각적으로 표현할 수 있습니다. 조금 더 복잡한 문제 해결하기를 통해 답을 구하고 일차함수 그래프로 표현해 보겠습니다.

문제 해결하기 ···▶

## 시험 점수 구하기

영우는 컴퓨터 회사를 스타트업 하는 게 꿈이다. 그러기 위해 코딩에서 좋은 성적인 A를 받고 싶다. 평가는 1~4차까지 4번 실시한다. 1~3차의 평가에서 95점, 80점, 98점을 받았다면, 마지막 평가에서 몇 점을 받아야 할까? 모든 점수의 평균이 90점 이상이면 성적 A를 획득할 수 있다. 단 점수의 최소 단위는 1점이다.

알고 싶은 값을 미지수 $x$로 설정하세요. 여기서는 4차 평가의 점수를 미지수 $x$로 설정합니다. 평균 90점 이상을 받기 위한 식을 작성합니다.

$$\frac{90 + 85 + 98 + x}{4} \geq 90$$

이 부등식을 풀어보겠습니다.

$$\frac{90 + 85 + 98 + x}{4} \geq 90$$

$$\frac{273 + x}{4} \geq 90$$

$$\frac{273 + x}{4} \times 4 \geq 90 \times 4 \qquad \blacksquare\ \text{양변에 4를 곱하기}$$

$$273 + x \geq 360$$

$$x \geq 360 - 273 \qquad \blacksquare\ x\text{는 좌변에 두고 상수는 우변으로 이항하기}$$

$$x \geq 87$$

따라서, 87점 이상을 받으면 코딩 성적 A를 받을 수 있습니다.

만일 1~3차에서 받은 점수의 합이 259점이면 어떨까요? 4차에서 만점인 100점을 받아도 359/4=89.75가 되어 A를 받을 수 없습니다. 따라서 1~3차 점수의 합이 최소 260점은 되어야 4차 평가에서 최고 점수인 100점을 받아 360/4=90으로 성적 A를 받을 수 있습니다.

이번에는 1~3차 평가에서 모두 100점을 받아 점수의 합이 300점이라면 어떨까요? 4차에서 최소 60점만 받으면 평균 90점이 되어 성적 A를 받을 수 있습니다.

영우가 코딩 평가에서 A를 받기 위해서는 1~3차 점수의 합이 260점 이상은 되어야 하고, 4차 평가에서 최소 60점 이상은 되어야 한다는 것을 기억해주세요.

이제, 프로그래밍에 필요한 변수를 선언하겠습니다.

| | |
|---|---|
| · 점수 | : grade |
| · 4차 점수 | : x |
| · 1~3차 점수 리스트 | : grade_list |
| · 점수의 개수 | : cnt |
| · 총점 | : total |
| · 평균 | : average |

문제를 해결하는 과정은 6단계로 구분할 수 있습니다.

- **1단계** : 1~3차 점수의 합이 260점 이상인지 확인합니다.
  260점 미만이면 "성적 A 받을 수 없음"을 출력하고 프로그램을 종료합니다.
- **2단계** : 4차 점수를 60점으로 지정합니다.
- **3단계** : 1~4차 점수의 평균을 구합니다.
- **4단계** : 평균이 90점 미만이면 4차 점수를 1점 올려 3단계를 실행합니다.
- **5단계** : 성적 A를 받기 위한 4차 점수의 조건을 출력합니다.

문제 해결과정을 순서도로 표현해 보겠습니다.

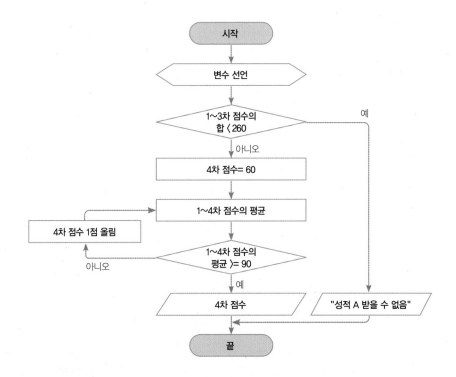

순서도를 바탕으로 프로그램을 작성해 봅시다.

코드 6-1-6

```
1   grade = 0                      # 점수
2   x = 0                          # 4차 점수(미지수)
3   grade_list = [90, 85, 98]      # 1~3차 점수 리스트
4   cnt = 0                        # 점수의 개수
5   total = 0                      # 총점
6   average = 0                    # 평균
7
8   for grade in grade_list :      # 1~3차 점수의 총점
9       total = total + grade
10  print("1~3차 성적의 합 : ", total)
11
12  if total < 260 :               # 1~3차 총점이 260 미만이면
13      print("성적 A를 받을 수 없습니다.")
14  else :                         # 1~3차 총점이 260 이상이면
15      cnt = len(grade_list)+1    # 점수의 개수
16      for x in range(60, 101) :  # 4차 점수 60~100까지 1씩 증가시키며 반복
17          average = (total+x) / cnt    # 1~4차 점수의 평균
18          if average >= 90 :     # 평균이 90 이상이면
19              print("4차 평가에서", x, "점 이상을 받으면 A가 됩니다.")
20              break
```

실행 결과 ···▶

1~3차 성적의 합 :  273
4차 평가에서 87 점 이상을 받으면 A가 됩니다.

코드 해설 ···▶

3행      : 리스트(grade_list)를 선언하고 1~3차 점수를 저장합니다.

8~9행    : 리스트의 값 1~3차 점수의 총점을 구합니다.

10행     : 1~3차 점수의 총점을 출력합니다.

12~13행  : 1~3차 점수의 총점이 260 미만이면 "성적 A를 받을 수 없습니다."를 출력하고 프로그램은 종료 됩니다.

15행     : len(grade_list) 함수는 grade_list 변수에 들어있는 점수의 개수로 3 입니다. grade_list에 저장된 점수의 개수에 4차 점수 1개를 더해 점수의 개수를 구합니다.

16행     : 4차 점수를 60부터 100까지 1씩 증가시키며 17~20행을 반복합니다.

17행　　　: 1~4차 점수의 평균을 구합니다.

18~20행 : 1~4차 점수의 평균이 90점 이상이라면 4차 점수인 변수 x의 값을 출력
하고 반복이 종료됩니다.

따라서, 영우는 4차 평가에서 87점 이상을 받아야 코딩 성적 A를 받을 수 있습니다.

[코드 6-1-6]을 일차함수 그래프로 그리기 위한 코드로 변경합니다. 직선은 plot( ) 함수로, 직선 위의 해당 성적의 점 표시는 scatter( ) 함수로 찍어주었습니다.

코드 6-1-7

```
1   import matplotlib.pyplot as plt
2   import numpy as np
3
4   grade = 0                              # 점수
5   x = 0                                  # 4차 점수(미지수)
6   grade_list = [90, 85, 98]              # 1~3차 점수 리스트
7   cnt = 0                                # 점수의 개수
8   total = 0                              # 총점
9   average = 0                            # 평균
10
11  for grade in grade_list :              # 1~3차 점수의 총점
12      total = total + grade
13
14  x = np.arange(60, 101)                 # x : 4차 점수(60~100)
15  y = (total + x) / (len(grade_list)+1)   # y : 1~4차 점수의 평균
16
17  plt.rc('font', family = 'Malgun Gothic') # 맑은고딕 폰트로 한글 표시
18
19  plt.plot(x, y)                         # 직선그래프 그리기
20  plt.scatter(87, 90, color = 'r')        # 평균이 90이 되는 지점에 점 찍기
21  plt.xlabel('4차 점수', fontsize = 14)   # 가로축 제목 표시
22  plt.ylabel('평균 점수', fontsize = 14)  # 세로축 제목 표시
23  plt.xticks(np.arange(60, 101, 2))      # 가로축 눈금 표시(60~100까지 2간격)
24  plt.grid()                             # 격자 그리기
25  plt.show()                             # 그래프 그리기
```

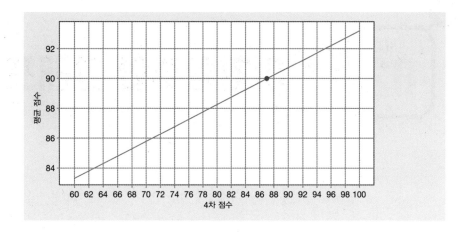

코드 해설 ···

1~2행 : 일차함수 그래프를 그리기 위한 matplotlib.pyplot 모듈과 numpy 라 이브러리를 가져옵니다.

14행 : 4차 점수가 되는 60점에서 100점을 x값에 저장합니다.

15행 : 1~4차 점수의 평균값을 계산하여 y에 저장합니다.

17행 : 그래프에 표시되는 한글 글꼴을 맑은고딕으로 지정합니다.

19행 : x와 y값을 좌표평면에 직선 그래프를 그립니다.

20행 : [코드 6-1-6] 에서 구한 값 x=87, y=90을 scatter( ) 함수를 이용하 여 좌표평면에 빨간색 점으로 표시합니다. 직선 그래프위에 점이 정확하 게 찍히는 것을 확인할 수 있습니다.

21~25행 : x, y좌표축의 제목과 격자를 포함하여 그래프를 그립니다.

지금까지는 차트를 그릴 때 주로 엑셀(Excel) 프로그램을 이용하여 그래프를 그렸 다면, 앞으로는 파이썬을 이용하여 그래프를 그리게 될 것입니다. 현재는 데이터가 코딩 점수 4개뿐 이었지만, 빅데이터에서는 수많은 데이터를 가지고 그래프를 그리 게 됩니다. 여러분은 일차함수 그래프를 파이썬으로 그리는 법을 배우며, 빅데이터 까지 함께 공부할 수 있는 초석이 마련되었습니다.

# UNIT 02 이차함수와 그래프

Problem Solving Python with Basic Math

함수 $y = f(x)$에서 $f(x)$가 $x$에 관한 이차식 즉 최고차항의 차수가 2인 함수를 이차함수라 합니다. 함수식은 다음과 같이 표현할 수 있습니다. 이차함수 $y = ax^2 + bx + c$에서는 $a$를 이차항의 계수, $b$를 일차항의 계수라고 표현합니다. $y$절편은 $y$축과 만나는 점의 $y$좌표로, $x = 0$일 때 $y$값을 의미합니다. 따라서, 이차함수 $y = ax^2 + bx + c$에서 $x = 0$일 때, $y = c$가 되므로 $y$절편은 $c$입니다.

$$y = ax^2 + bx + c$$

계수          y절편

이차함수에서 이차항 계수 $a$와 $y$절편의 값에 따른 그래프를 비교해 봅시다.

## 이차항 계수 $a$가 양수인 경우

01

이차함수 $y = ax^2$에서 이차항 계수 $a$가 양수인 경우의 그래프를 그리는 파이썬 프로그램을 작성해 봅시다.

코드 6-2-1

```
1   import matplotlib.pyplot as plt
2   import numpy as np
3
4   x = np.arange(-5, 6)                              # -5부터 5까지의 정수 저장
5   for i in [1, 2, 3] :
6       plt.plot(x, i*x**2, label = 'y = {}x^2'.format(i)) # 그래프 그리기
7   plt.grid()                                       # 격자 그리기
8   plt.legend(fontsize = 14)                        # 범례표시(글자크기:14)
9   plt.rcParams['axes.unicode_minus'] = False       # 마이너스 기호 깨짐 방지
```

실행 결과 ···▶

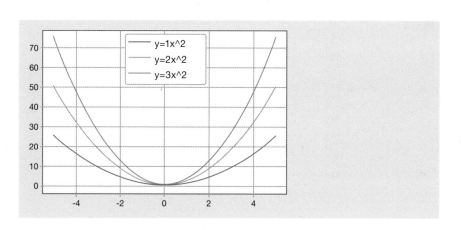

코드 해설 ···▶ 4행 : x라는 배열에 −5부터 5까지의 정수가 저장됩니다.

5행 : i값이 1,2,3 일 때의 그래프를 그립니다.

6행 : label 속성은 범례 이름을 넣을 때 사용합니다. 'y = { }x^2'.format(i) 은 { } 안에 i값을 넣어 표시합니다. $y = 1x^2$, $y = 2x^2$, $y = 3x^2$ 범례가 차례로 표시됩니다.

## 이차항 계수 $a$가 음수인 경우

이차함수 $y = ax^2$에서 이차항 계수 $a$가 음수인 경우의 그래프를 그리는 파이썬 프로그램을 작성해 봅시다.

코드 6-2-2

```
1   import matplotlib.pyplot as plt
2   import numpy as np
3
4   x = np.arange(-5, 6)            # -5부터 5까지의 정수 저장
5   for i in [-1, -2, -3] :
6       plt.plot(x, i*x**2, label = 'y = {}x^2'.format(i)) # 그래프 그리기
7   plt.grid()                     # 격자 그리기
8   plt.legend(fontsize = 14)      # 범례표시(글자크기:14)
9   plt.rcParams['axes.unicode_minus'] = False # 마이너스 기호 깨짐 방지
```

실행 결과 ···▶

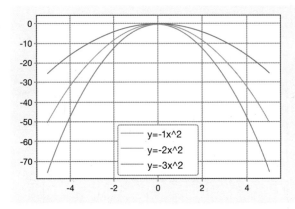

코드 해설 ···▶

4행 : x라는 배열에 -5부터 5까지의 정수가 저장됩니다.

5행 : i값이 -1,-2,-3 일 때의 그래프를 그립니다.

6행 : label 속성은 범례 이름을 넣을 때 사용합니다. 'y = { }x^2'.format(i) 은 { } 안에 i값을 넣어 표시합니다. $y = -1x^2$, $y = -2x^2$, $y = -3x^2$ 범례가 차례로 표시됩니다.

이차항 계수 $a$가 양수인 경우와 음수인 경우의 차이를 발견했나요? 가장 눈에 띄는 게 포물선의 방향입니다. 그 다음에는 포물선의 폭이 다르다는 것을 눈치챘다면 잘 찾으신거예요. 실행 결과와 같이 이차함수 $y = ax^2$에서 이차항의 계수 $a$가 양수일 경우에는 원점을 지나고, 아래로 볼록한 포물선이 됩니다. 이차항의 계수 $a$가 음수일 경우에는 원점을 지나고, 위로 볼록한 포물선이 그려집니다. 그리고 이차항의 계수 의 절댓값이 클수록 폭이 좁아지고, $a$의 절댓값이 작을수록 폭이 넓어집니다.

## $y$절편에 따른 그래프

이차함수 $y = ax^2 + b$에서 $y$절편 $b$의 값에 따라 그래프가 달라지는 파이썬 프로그램을 작성해 봅시다.

코드 6-2-3

```python
1   import matplotlib.pyplot as plt
2   import numpy as np
3
4   x = np.arange(-4, 5)            # -4부터 4까지의 정수 저장
5
6   # 그래프 그리기
7   for a in [-3, 3] :             # 이차항 계수 : -3, 3
8       for b in [-10, 0, 20] :    # y절편 : -10, 0, 20
9           if b > 0 :             # y절편이 양수인 경우 라벨
10              mylabel = 'y = {}x^2+{}'.format(a, b)
11          elif b < 0 :           # y절편이 음수인 경우 라벨
12              mylabel = 'y = {}x^2{}'.format(a, b)
13          else :                 # y절편이 0인 경우 라벨
14              mylabel = 'y = {}x^2'.format(a)
15          plt.plot(x, a*x**2 + b, label = mylabel)
16  plt.grid()                     # 격자 그리기
17  plt.legend(fontsize = 8)       # 범례표시(글자크기:8)
18  plt.rcParams['axes.unicode_minus'] = False # 마이너스 기호 깨짐 방지
```

실행 결과 ····▸

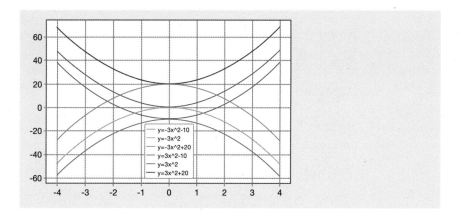

위 실행결과 $y$절편의 값이 커질수록 포물선이 위쪽으로 올라감은 알 수 있습니다.

7행 : a가 −3, 3 일 때, for문을 반복합니다.

9행 : i가 −10, 0, 20 일 때, for문을 반복합니다.

9~10행 : i가 양수일 때, 범례는 'y = { }x^2+{ }'.format(a, b) 형태로 표시됩니다.

즉 b값이 20일 때 $y = -3x^2+20$ 과 $y = 3x^2+20$ 로 표시될 것입니다.

11~12행 : i가 음수일 때, 범례는 'y = { }x^2−{ }'.format(a, b) 형태로 표시됩니다.

즉 b값이 −10일 때 $y = -3x^2-10$ 과 $y = 3x^2-10$ 로 표시될 것입니다.

13~14행 : i가 0일 때, 범례는 'y = { }x^2'.format(a) 형태로 표시됩니다. 즉 i값이

0일 때 $y = -3x^2$ 과 $y = 3x^2$ 로 표시될 것입니다.

15행 : $y = ax^2 + i$ 그래프가 그려지고 범례가 표시됩니다.

이차함수 $y = ax^2 + b$ 에서 $y$ 절편 $b$ 의 값에 따라 그래프가 달라지는 것을 발견하셨나요? $y$ 절편의 좌표는 $(0, b)$ 이며 이차함수 $y = ax^2 + b$ 의 꼭짓점이 됩니다. $a$ 의 값에 따라 꼭짓점의 좌표가 최댓값이 되기도 하고 최솟값이 되기도 합니다. 즉, $a$ 값이 양수인 경우는 아래로 볼록한 포물선이 그려지므로 최솟값이 되고, $a$ 값이 음수인 경우는 위로 볼록한 포물선이 되어 최댓값이 됩니다.

### 수학 문제 배부하기

선생님께서 이차방정식 수학 문제 120개를 학생들에게 동일하게 나눠주고자 한다. 한 학생에게 돌아가는 수학 문제가 학생 수보다 2문제 적다면 학생 수는 어떻게 될까?

학생 수를 $x$ 라고 하면, 한 학생에게 돌아가는 수학 문제 수는 $(x - 2)$ 개가 됩니다.
따라서, $x(x - 2) = 120$ 식이 성립됩니다.

이를 풀면,

$$x(x - 2) = 120$$
$$x^2 - 2x - 120 = 0$$
$$(x + 10)(x - 12) = 0$$

따라서, $x = -10$ 또는 $x = 12$ 가 됩니다.

그런데 학생수 $x$는 음수가 될 수 없으므로 12가 됩니다.

학생 수는 12명이고, 한 명의 학생에게 10문제씩 나눠줍니다.

이번에는 이차함수를 파이썬 코드르 작성하여 그래프를 그려봅시다.

$y = x^2 - 2x$가 되며, 이 때 $y$값은 120이 됩니다.

코드 6-2-4

```
1   import matplotlib.pyplot as plt
2   import numpy as np
3
4   x = np.arange(0, 15)                              # 0부터 14까지의 정수 저장
5   plt.plot(x, x**2-2*x, label = 'y = x^2 - 2x')     # 그래프 그리기
6   plt.scatter(12, 120, color = 'r')                 # y가 120이 되는 지점에 산점
                                                        도 표시
7   plt.rc('font', family = 'Malgun Gothic')          # 그래프에 맑은고딕 폰트로 한
                                                        글 표시
8   plt.rcParams['axes.unicode_minus'] = False        # 마이너스 기호 깨짐 방지
9   plt.xlabel('학생수', fontsize = 12)                 # 가로축 제목 표시
10  plt.ylabel('문제수', fontsize = 12)                 # 세로축 제목 표시
11  plt.grid()                                         # 격자 그리기
12  plt.legend(fontsize = 12)                          # 범례표시(글자크기:12)
```

실행 결과 ···▶

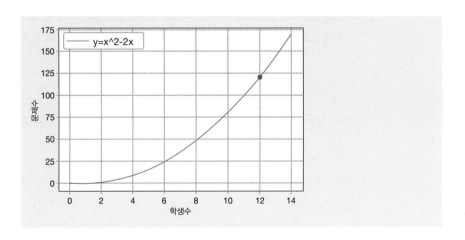

코드 해설 ···▶

4행  : $x$축은 0부터 14까지만 그립니다. 왜냐하면 $x$는 학생 수이기 때문입니다.

5행  : $y = x^2 - 2x$ 그래프를 그립니다.

6행 : scatter($x$축, $y$축, 색상) 함수를 이용하여 $y$가 120 이 되는 지점에 산점도를 표시하면 정확하게 $x$축 12에 표시됩니다.

7행 : 그래프에 표시되는 한글 글꼴을 맑은고딕으로 지정합니다.

8행 : 좌표평면에 표시되는 마이너스 기호가 깨지는 것을 방지합니다.

9~10행 : $x$축과 $y$축의 제목을 표시합니다.

11행 : 격자를 포함하여 그래프를 그립니다.

12행 : 범례를 폰트크기 12로 표시합니다.

이차함수 방정식은 $x(x-2)=120$ 식을 세우고 이를 인수분해로 풀어 $x=12$라는 해를 구합니다. 이차함수 그래프는 $y=x^2-2x$를 그려서 $y$가 120이 될 때의 $x$ 좌표가 12임을 그래프로 확인할 수 있습니다. 둘 다 120개의 수학 문제를 동일하게 나눠 줄 학생 수는 12명임을 알 수 있습니다. 이번에는 좀 더 복잡한 문제 해결하기를 통해 이차함수 그래프를 그려봅시다.

**문제 해결하기 ⋯▶**

## 물 로켓의 위치와 초 구하기

길벗학교 과학 축제가 열리는 날 물로켓 쏘기 대회가 한참이다. 한 학생이 초속 30m로 쏘아 올린 물로켓의 t 초 후의 높이는 $(30t-5t^2)$ m 라 한다.

첫째, 물로켓의 높이가 40m 가 되는 것은 로켓을 쏘아 올린 지 몇 초 후가 되겠는가?
둘째, 물로켓이 다시 지면에 떨어지는 것은 물 로켓을 쏘아 올린지 몇 초 후가 되겠는가?

우선, $y=-5t^2+30t$ 식을 풀어봅시다.

첫째, 물로켓의 높이가 40m가 되기 위해서는 $-5t^2+30t=40$이 됩니다.

$-5t^2+30t=40$

$-5t^2+30t-40=0$ : 양변을 −5로 나누기

$t^2-6t+8=0$ : 인수분해하기

$(t-2)(t-4)=0$

따라서, $t=2$, 또는 $t=4$ 입니다.

둘째, 물로켓의 높이가 0m가 되기 위해서는 $-5t^2 + 30t = 0$이 됩니다.

$-5t^2 + 30t = 0$        : 양변을 $-5$로 나누기

$t^2 - 6t = 0$           : 인수분해하기

$t(t-6) = 0$

따라서, $t = 0$ 또는 $t = 6$ 입니다.

이번에는 이차함수 $y = -5t^2 + 30t$를 그래프로 그려봅시다.

코드 6-2-5

```
1   import matplotlib.pyplot as plt
2   import numpy as np
3
4   t = np.arange(0, 7) # 0부터 6까지의 정수 저장
5   plt.plot(t, -5*t**2+30*t, label = 'y = -5t^2 + 30t') # 그래프 그리기
6   plt.rc('font', family = 'Malgun Gothic')      # 맑은고딕 폰트로 한글 표시
7   plt.rcParams['axes.unicode_minus'] = False    # 마이너스 기호 깨짐 방지
8   plt.xlabel('시간(초)', fontsize = 14)          # 가로축 제목 표시
9   plt.ylabel('높이(m)', fontsize = 14)           # 세로축 제목 표시
10  plt.grid()                                     # 격자 그리기
11  plt.legend(fontsize = 14) # 범례표시(글자크기:14)
```

실행 결과 ⋯

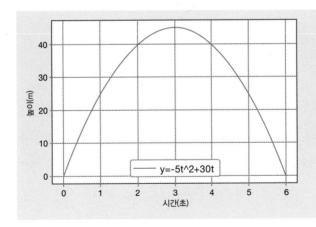

코드 해설 ⋯

4행    : 축은 0부터 6까지만 그립니다.

5행    : $y = -5t^2 + 30t$ 그래프를 그립니다.

6행    : 그래프에 표시되는 한글 글꼴을 맑은고딕으로 지정합니다.

아래 코드를 추가합니다.

**코드 6-2-6**

```
12   plt.scatter(0, 0, color = 'b')  # 높이가 처음 지면에 닿는 지점에 산점도( blue) 표시
13   plt.scatter(2, 40, color = 'r')# 높이가 처음 40m가 되는 지점에 산점도(red) 표시
14   plt.scatter(4, 40, color = 'r')# 높이가 다음 40m가 되는 지점에 산점도(red) 표시
15   plt.scatter(6, 0, color = 'b')  # 높이가 다시 지면에 닿는 지점에 산점도( blue) 표시
```

**실행 결과 ⋯**

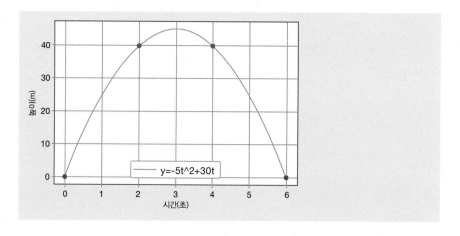

첫째, 물로켓의 높이가 40m가 되는 것은 로켓을 쏘아 올린 지 몇 초 후가 되겠는가?

그래프에서 0초에는 물 로켓이 지면(0m)에 있다가 공중으로 솟아 오릅니다. 물로켓 높이가 40m가 되는 지점에 t값은 2와 4가 됩니다. 따라서 물로켓 높이가 40m가 되는 것은 물 로켓을 쏘아 올린 후 2초, 4초 후가 됩니다.

둘째, 물로켓이 다시 지면에 떨어지는 것은 물 로켓을 쏘아 올린지 몇 초 후가 되겠는가?

226

또한 $y$값이 0이 되는 부분이 물로켓이 지면에 닿았을 때이므로 그때의 $t$값은 0과 6이 됩니다. 따라서 물로켓이 다시 지면에 떨어지는 것은 6초 후가 됩니다.

지금까지 이차방정식을 활용하여 이차함수 그래프를 그리는 실생활의 활용 예까지 모두 살펴보았습니다. 여기까지 공부한 여러분은 실생활에 적용되는 수학 문제를 코딩을 이용하여 풀 수 있습니다. 우선, 문제가 발견되면 이를 해결하기 위해 필요한 요소가 무엇인지 정의합니다. 이를 이용하여 문제를 단계적으로 하나씩 세분화해서 나누어 절차대로 해결합니다. 이렇게 만들어진 알고리즘을 파이썬 코딩으로 해결하면 쉽게 답을 찾을 수 있습니다. 이 과정은 수학과 코딩이 매우 유사합니다. 따라서, 수학과 코딩을 함께 배운다면 논리적인 사고력이 더욱 발달하는 긍정적인 효과가 있습니다.

chapter

# 7

# 확률과 통계

이제부터는 확률과 통계에 대하여 공부해 보도록 할게요. 확률과 통계하면 너무 어렵다는 생각이 드나요? 전혀 그렇지 않아요. 확률과 통계는 실생활과 너무나 밀접하게 연관이 되어 있어서 여러분이 반드시 알아야 하는 수학입니다. 아침에 일어나서 등교하기 전에 날씨가 흐리다면 어떨까요? 핸드폰을 열어 오늘의 날씨를 검색해서 살펴보고 '오늘 비가 올 확률은 90%입니다.'라고 하면 우산을 들고 가겠지요? 또, 우리나라 또는 내가 사는 지역에 코로나19 확진자 수에 대한 정보를 알고 싶다면 확진자 수 한 달 통계, 하루 발생자 수 등의 통계 자료를 제공 받게 됩니다. 이렇듯, 확률과 통계는 우리의 일상생활에 필요한 정보들을 제공하고 있습니다.

# UNIT 01 도수분포표

Problem Solving Python with Basic Math

도수분포표는 주어진 자료를 몇 개의 계급으로 나누고 각 계급에 속하는 도수를 조사하여 나타낸 표입니다. 다시 말해 도수분포표는 일정한 구간으로 나누고 해당 구간에 몇 개의 자료가 있는지 나타내는 표라고 이해하시면 됩니다.

- 변량 : 자료를 수량으로 나타낸 것
- 계급 : 변량을 일정한 간격으로 나눈 구간
- 도수 : 각 계급에 속하는 자료의 개수

도수분포표를 작성하는 방법은 다음과 같습니다.

① 주어진 자료에서 가장 큰 자료의 값과 가장 작은 자료의 값 찾기
② 적당한 계급의 개수가 되도록 계급의 크기 정하기 – 스터지스 공식 적용
③ 각 계급에 속하는 변량의 개수를 세어 계급의 도수 구하기

※ 스터지스 공식

스터지스(H.A. Sturges)가 적절한 계급 개수를 설정하기 위한 기준을 알려주기 위해 만든 공식입니다.

- 데이터 개수 : $2^n$
- 적절한 계급의 개수 : n+1

예를 들어 데이터의 개수가 30개이면 $2^5$=32이므로 계급의 개수를 5+1개 만들면 적절하다는 의미입니다. 하지만 이 공식을 반드시 적용해야 한다는 것은 아니고 통계학적으로 이 정도면 적절하다는 의미입니다.

우선, 학생 8명의 정보 성적 자료를 바탕으로 도수분포표를 표현해 봅시다.

[자료] (단위: 점)
98, 80, 88, 85, 84, 95, 90, 95

도수분포표를 만들기 위해서 먼저 위 8개의 자료 중 가장 큰 변량과 가장 작은 변량을 찾습니다. 가장 큰 변량은 98, 가장 작은 변량은 80입니다. 다음으로 계급의 개수를 스터지스 공식을 이용하여 적당한 계급의 크기를 정합니다.

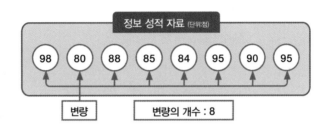

데이터의 개수가 8개이므로 공식에 적용해 보면 $2^3 = 8$이 되므로 계급의 개수는 $3 + 1$, 즉 4개가 적절하다고 나옵니다. 계급의 개수를 4개로 하게 되면 계급의 크기는 5가 되어 80~85, 85~90, 90~95, 95~100 구간으로 나눠집니다. 그럼 정보 점수가 5점 구간으로 계급의 개수는 총 4개가 되고, 이를 도수분포표로 나타내면 다음과 같습니다.

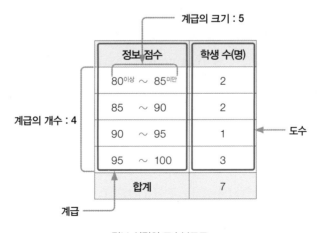

정보 성적의 도수분포표

```
1   import pandas as pd
2   import numpy as np
3
4   jumsu = [98, 80, 88, 85, 84, 95, 90, 95]
5
6   freq = np.zeros(4)
7   for i in jumsu :
8       if i//5 == 16 :      # 5로 나눈 몫이 16이면 즉 80이상 85미만이면
9           freq[0] += 1     # freq[0]에 1을 더하기
10      elif i//5 == 17 :
11          freq[1] += 1
12      elif i//5 == 18 :
13          freq[2] += 1
14      elif i//5 == 19 :
15          freq[3] += 1
16
17  index = ['80~85', '85~90', '90~95', '95~100']
18  a = pd.Series(freq, index = index, dtype = int)
19  a.name = '정보 성적의 도수분포표'
20  print(a)
```

실행 결과 ⋯

```
80~85    2
85~90    2
90~95    1
95~100   3
Name: 정보 성적의 도수분포표, dtype: int32
```

코드 해설 ⋯

1행 : 판다스(pandas) 라이브러리를 가져옵니다.

2행 : 넘파이(numpy) 라이브러리를 가져옵니다.

4행 : 점수(jumsu) 리스트 값[98, 80, 88, 85, 84, 95, 90, 95]을 선언합니다.

6행 : 도수를 저장할 freq를 선언하고 값을 0으로 초기화합니다.

7행 : 점수값을 하나씩 대입하면서 끝까지 반복합니다.

8~9행 : 5로 나눈 몫이 16이면 즉 80~85점 구간이면 freq[0]에 1을 더하기

10~11행 : 5로 나눈 몫이 17이면 즉 85~90점 구간이면 freq[1]에 1을 더하기

12~13행 : 5로 나눈 몫이 18이면 즉 90~95점 구간이면 freq[2]에 1을 더하기

14~15행 : 5로 나눈 몫이 19이면 즉 95~100점 구간이면 freq[3]에 1을 더하기

17행 : 계급(index)을 ['80~85', '85~90', '90~95', '95~100']로 선언합니다.

18행 : 1차원 배열 a를 만듭니다. 이때 freq 리스트의 자료를 바탕으로 인덱스 값은 ['80~85', '85~90', '90~95', '95~100'] 이고, 데이터 타입은 정수형으로 합니다.

19행 : a 배열의 제목을 name 속성을 이용하여 '정보 성적의 도수분포표'로 설정합니다.

20행 : 도수분포표 a를 출력합니다.

비교적 간단한 성적 도수분포표를 통해 변량, 계급, 도수의 개념을 학습하였습니다. 이번에는 좀 더 구체적인 데이터를 가지고 도수분포표를 표현해 봅시다.

문제 해결하기 ⋯▸

## 키 자료를 도수분포표로 표현하기

다음은 2학년 1반 학생들의 키를 조사한 자료이다. 조사한 자료를 도수분포표로 나타내면 어떻게 될까?

[자료] (단위: cm)

155, 160, 175, 170, 176, 163, 158, 174, 168, 169, 162, 184, 166, 177, 164, 174, 168, 174, 167, 159, 161, 177, 182, 166, 167, 170, 172, 169, 174, 167

도수분포표를 만들기 위해서 먼저 위 30개의 자료 중 가장 큰 변량과 가장 작은 변량을 찾습니다. 크고 작은 변량을 찾기 위해서는 해당 자료들을 정렬하면 쉽게 찾을 수 있습니다. 가장 큰 변량은 184, 가장 작은 변량은 155입니다.

2학년 1반 학생들의 키 자료 (단위 : cm)

| 155 | 160 | 175 | 170 | 176 | 95 | 163 | 158 | 168 | 169 |
| 162 | 184 | 166 | 177 | 164 | 174 | 168 | 174 | 167 | 159 |
| 161 | 177 | 182 | 166 | 167 | 170 | 172 | 169 | 174 | 167 |

변량의 개수 : 30

다음으로 계급의 개수를 스터지스 공식을 이용하여 적당한 계급의 크기를 정합니다. 자료가 30개이므로 공식에 적용해 보면 계급의 개수가 6개가 적절하다고 나옵니다. 계급의 개수를 6개로 하게 되면 계급의 크기는 5가 되어 155~160, 160~165, 165~170, 170~175, 175~180, 180~185 구간으로 나눠집니다.

그럼 키가 5cm 구간으로 계급의 개수는 총 6개가 되고, 이를 도수분포표로 나타내면 다음과 같습니다.

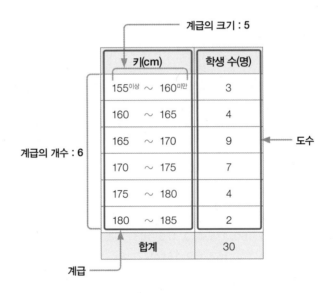

2학년 1반의 키 도수분포표

문제를 해결하는 과정은 5단계로 구분할 수 있습니다.

- **1단계** : 키 데이터를 선언합니다.
- **2단계** : 마지막 데이터까지 모두 검사했는지 조건을 체크합니다.
- **3단계** : 변량(값)을 계급의 크기로 나눕니다.
- **4단계** : 변량을 각 계급에 배치하여 도수를 카운트합니다.
- **5단계** : 완성된 도수분포표를 출력합니다.

이를 순서도로 표현해 봅시다.

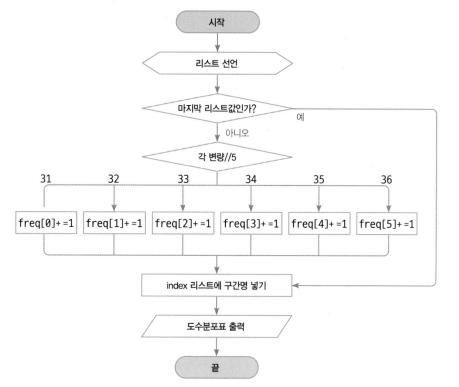

코드 7-1-2

```python
1   import pandas as pd
2   import numpy as np
3
4   height = [155, 160, 175, 170, 176, 163, 158, 174, 168, 169, 162, 184,
    166, 177, 164, 174, 168, 174, 167, 159, 161, 177, 182, 166, 167, 170,
    172, 169, 174, 167]
5
6   freq = np.zeros(6)
7   for i in height :
8       if i//5 == 31 :      # 5로 나눈 몫이 31이면 즉 i값이 155이상 160미만이면
9           freq[0] += 1     # freq[0]에 1을 더하기
10      elif i//5 == 32 :
11          freq[1] += 1
12      elif i//5 == 33 :
13          freq[2] += 1
```

235

```
14        elif i//5 == 34 :
15            freq[3] += 1
16        elif i//5 == 35 :
17            freq[4] += 1
18        elif i//5 == 36 :
19            freq[5] += 1
20
21    index = ['155~160', '160~165', '165~170', '170~175', '175~180', '180~185']
22    a = pd.Series(freq, index = index, dtype = int)
23    a.name = '2학년 1반의 키 도수분포표'
24    print(a)
```

**실행 결과 ···**

```
155~160    3
160~165    5
165~170    9
170~175    7
175~180    4
180~185    2
Name: 2학년 1반의 키 도수분포표, dtype: int32
```

**코드 해설 ···**

6행 : 자료는 총 6개이고, 자료의 값은 모두 0을 갖는 freq 리스트를 만듭니다.

7행 : height 리스트의 자료를 하나씩 읽어 들입니다.

8행 : 읽어 들인 자료가 5로 나누어 몫이 31과 같으면

9행 : 155~160cm 구간인 freq[0] 에 1씩 더합니다.

10행 : 읽어 들인 자료가 5로 나누어 몫이 32와 같으면

11행 : 160~165cm 구간인 freq[1] 에 1씩 더합니다.

12행 : 읽어 들인 자료가 5로 나누어 몫이 33과 같으면

13행 : 165~170cm 구간인 freq[2] 에 1씩 더합니다.

14행 : 읽어 들인 자료가 5로 나누어 몫이 34와 같으면

15행 : 170~175cm 구간인 freq[3] 에 1씩 더합니다.

16행 : 읽어 들인 자료가 5로 나누어 몫이 35와 같으면

17행 : 175~180cm 구간인 freq[4] 에 1씩 더합니다.

18행 : 읽어 들인 자료가 5로 나누어 몫이 36과 같으면

19행 : 180~185cm 구간인 freq[5] 에 1씩 더합니다.

21행 : index 리스트에 ['155~160', '160~165', '165~170', '170~175', '175~180', '180~185'] 자료를 입력합니다.

22행 : 1차원 배열 a를 만듭니다. 이때 freq 리스트의 자료를 바탕으로 인덱스 값은 ['155~160', '160~165', '165~170', '170~175', '175~180', '180~185'] 이고, 자료형은 정수형으로 합니다.

23행 : a 배열의 제목을 name 속성을 이용하여 '2학년 1반의 키 도수분포표'로 설정합니다.

24행 : 배열 a를 출력합니다.

지금까지 도수분포표가 무엇인지 알아보고 도수분포표의 구성 요소인 변량, 계급, 도수에 대해서도 학습하였습니다. 그리고 이를 파이썬으로 표현하기 위해 외부 모듈인 판다스(pandas)와 넘파이(numpy)도 함께 사용하였습니다. 이처럼, 파이썬에서 제공하는 많은 라이브러리 모듈을 활용하면 더욱 쉽게 수학을 코딩할 수 있습니다.

# 히스토그램

히스토그램은 도수분포표의 각 계급을 가로축에, 그 계급에 속하는 도수를 세로축에 표시하여 직사각형으로 나타낸 그래프입니다. 도수분포표에서 예를 든 정보 성적의 경우 히스토그램에서는 정보 점수가 가로축에 인원수가 세로축이 됩니다. 그림으로 도수분포표와 히스토그램을 비교해 보면 이해가 쉽게 됩니다.

〈도수분포표〉

| 정보 점수 | 학생 수(명) |
|---|---|
| 80이상 ~ 85미만 | 2 |
| 85 ~ 90 | 2 |
| 90 ~ 95 | 1 |
| 95 ~ 100 | 3 |
| 합계 | 8 |

〈히스토그램〉

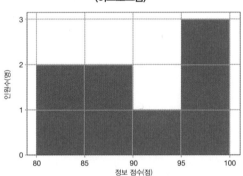

이번에는 학생 8명의 정보 성적을 바탕으로 히스토그램으로 표현하는 프로그래밍을 해 봅시다.

[자료] (단위: 점)
98, 80, 88, 85, 84, 95, 90, 95

코드 7-2-1

```
1   import numpy as np
2   import matplotlib.pyplot as plt
3
4   jumsu = [98, 80, 88, 85, 84, 95, 90, 95]
5
6   bins = np.arange(80, 101, 5) # 도수분포 구간 80부터 100까지 5씩 증가
7
8   plt.rc('font', family = 'Malgun Gothic') # 그래프에 맑은고딕 폰트로 한글 표시
9   plt.xlabel('정보점수(점)', fontsize = 14)  # 가로축 제목 표시
10  plt.ylabel('인원수(명)', fontsize = 14)   # 세로축 제목 표시
11  plt.hist( jumsu, bins )                 # 히스토그램으로 나타냄
12
13  plt.xticks(np.arange(80, 101, 5))   # 가로축 눈금 간격 지정(80~100까지 5간격
                                           으로 눈금표시)
14  plt.yticks(np.arange(0, 4, 1))      # 세로축 눈금 간격 지정(0~3까지 1간격으로
                                           눈금표시)
15  plt.grid()                          # 격자 표시
```

실행 결과 ⋯▸

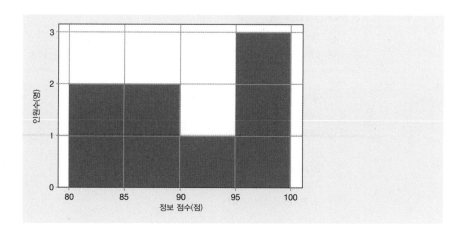

코드 해설 ⋯▸

2행 : 히스토그램을 그리기 위한 matplotlib.pyplot 모듈을 가져옵니다.

6행 : 도수분포 구간 80부터 5씩 큰 값으로 100까지의 정수를 가진 bins 배열을 만듭니다.

8행 : 그래프의 한글 폰트를 '맑은고딕'으로 설정합니다.

9행 : $x$축 제목을 '정보점수(점)'로 표시합니다.

10행 : $y$축 제목을 '인원수(명)'로 표시합니다.

11행 : 히스토그램으로 나타냅니다.

13행 : $x$축 눈금 간격을 $80{\sim}100$까지 5간격으로 눈금 표시합니다.

14행 : $y$축 눈금 간격을 $0{\sim}3$까지 1간격으로 눈금 표시합니다.

15행 : 그래프의 격자를 표시합니다.

통계에서는 같은 자료를 가지고 전달하는 방식을 다르게 할 수 있습니다. 표로 표시해 숫자로 나타내는 방법이 도수분포표라면, 시각적으로 표현하기 위해 히스토그램과 같은 그래프를 사용하기도 합니다. 이번에도 키 자료를 히스토그램으로 표현해 비교해 볼까요?

문제 해결하기 ⋯⋯▶

## 키 자료를 히스토그램으로 표현하기

다음은 2학년 1반 학생들의 키를 조사한 자료이다. 조사한 자료를 히스토그램으로 나타내면 어떻게 될까?

[자료] (단위: cm)

155, 160, 175, 170, 176, 163, 158, 174, 168, 169, 162, 184, 166, 177, 164, 174, 168, 174, 167, 159, 161, 177, 182, 166, 167, 170, 172, 169, 174, 167

코드 7-2-2

```
1   import numpy as np
2   import matplotlib.pyplot as plt
3
4   height = [155, 160, 175, 170, 176, 163, 158, 174, 168, 169, 162, 184,
    166, 177, 164, 174, 168, 174, 167, 159, 161, 177, 182, 166, 167, 170,
    172, 169, 174, 167]
5
6   bins = np.arange(155, 186, 5) # 도수분포 구간 155부터 185까지 5씩 증가
7
8   plt.rc('font', family = 'Malgun Gothic') # 그래프에 맑은고딕 폰트로 한글 표시
9   plt.xlabel('키(cm)', fontsize = 14)      # 가로축 제목 표시
10  plt.ylabel('인원수(명)', fontsize = 14)   # 세로축 제목 표시
11  plt.hist(height, bins)                   # 히스토그램으로 나타냄
12
13  plt.xticks(np.arange(155, 186, 5)) # 가로축 눈금 간격 지정(155~185까지 5간
                                        격으로 눈금표시)
```

| 14 | plt.yticks(np.arange(0, 11, 1)) # 세로축 눈금 간격 지정(0~10까지 1간격으로 눈금표시) |
|---|---|
| 15 | plt.grid() |

**실행 결과** ···

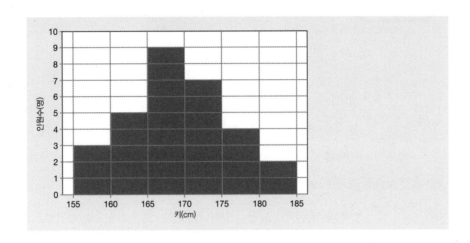

**코드 해설** ···

6행 : 155부터 5씩 큰 값으로 185까지의 정수를 가진 bins 배열이 만들어집니다.

8행 : 폰트는 맑은 고딕으로 그래프에 한글을 표시합니다.

9행 : 그래프의 $x$축 제목을 '키(cm)'로, 글자 크기는 14로 설정합니다.

10행 : 그래프의 $y$축 제목을 '인원수(명)'로, 글자 크기는 14로 설정합니다.

11행 : 히스토그램을 그립니다.

13행 : $x$축 눈금을 155~185까지 5 간격으로 표시합니다.

14행 : $y$축 눈금을 0~10까지 1 간격으로 표시합니다.

15행 : 그래프의 격자를 표시합니다.

지금까지 정보 점수와 키 데이터를 가지고 히스토그램으로 나타내는 프로그래밍을 학습하였습니다. 그리고 그래프를 그리기 위해 맷플롯 라이브러리(matplotlib)인 외부 라이브러리를 사용하였습니다. 그 중 파이플롯(pyplot) 모듈을 사용하면 그래프를 편리하게 그릴 수 있습니다. pyplot에는 막대그래프, 꺾은선그래프, 산점도 등 다양한 형태의 그래프를 제공합니다. 이를 이용하면 빅데이터를 다양한 형태의 그래프로 시각화할 수 있습니다.

# UNIT 03 경우의 수와 확률

Problem Solving Python with Basic Math

경우의 수는 언제 사용될까요? 어려서 주사위를 던지며 여럿이 모여 하던 보드게임을 떠올려보세요. 내가 원하는 주사위 값이 잘 나오지 않아 아깝게 지기도 하고, 생각지 않게 원하는 숫자가 나와 역전을 하기도 했지요. 이때 주사위에서 나올 수 있는 숫자는 1에서 6까지 6개이므로 경우의 수는 6입니다.

경우의 수는 어떤 사건이 일어날 수 있는 모든 가짓수로 빠짐없고, 중복이 없는 모든 경우를 말합니다. 그리고 확률은 모든 경우의 수에 대한 특정 사건이 발생하는 비율입니다. 어떤 실험이나 관찰에서 일어날 수 있는 모든 경우의 수가 $n$이고 각 경우가 일어날 가능성이 같을 때, 사건 A가 일어나는 경우의 수가 $a$이면 사건 A가 일어날 확률 $p$는 다음과 같습니다.

$$p = \frac{\text{사건 A가 일어나는 경우의 수}}{\text{모든 경우의 수}} = \frac{a}{n}$$

## 확률의 덧셈

**01**

두 사건 A, B가 동시에 일어나지 않을 때, 한 사건 A가 일어나는 경우의 수를 $m$이고, 다른 사건 B가 일어나는 경우의 수가 $n$이면, 사건 A 또는 사건 B가 일어나는 경우의 수는 $m+n$이 됩니다.

두 사건 A, B가 동시에 일어나지 않을 때, 사건 A가 일어날 확률을 $p$이고, 사건 B가 일어날 확률을 $q$라 하면 사건 A 또는 사건 B가 일어날 확률은 $p+q$가 됩니다.

> • 사건 A 또는 사건 B가 일어날 경우의 수 $= m + n$
> • 사건 A 또는 사건 B가 일어날 확률 $= p + q$

예를 들어 보드게임 할 때 한 개의 주사위를 한번 던져서 4 또는 6이 나오는 경우입니다. 주사위를 던졌을 때 4가 나올 확률은 $\frac{1}{6}$이고, 6이 나올 확률도 $\frac{1}{6}$입니다. 따라서 4 또는 6이 나올 확률은 $\frac{1}{6} + \frac{1}{6} = \frac{2}{6}$가 됩니다.

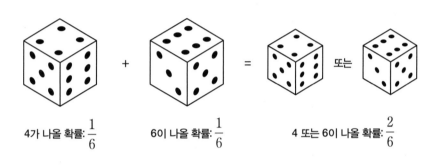

4가 나올 확률: $\frac{1}{6}$　　6이 나올 확률: $\frac{1}{6}$　　4 또는 6이 나올 확률: $\frac{2}{6}$

## 확률의 곱셈

**02**

사건 A가 일어나는 경우의 수가 $m$이고, 그 각각에 대하여 사건 B가 일어나는 경우의 수가 $n$이면, 두 사건 A, B가 동시에 일어나는 경우의 수는 $m \times n$이 됩니다.

두 사건 A, B가 서로 영향을 끼치지 않을 때, 사건 A가 일어날 확률은 $p$이고, 사건 B가 일어날 확률은 $q$라면 두 사건 A, B가 동시에 일어날 확률은 $p \times q$가 됩니다.

> • 사건 A와 사건 B가 동시에 일어날 경우의 수 $= m \times n$
> • 사건 A와 사건 B가 동시에 일어날 확률 $= p \times q$

예를 들어 보드게임을 할 때 두 개의 주사위를 동시에 던져서 모두 4가 나오는 경우입니다. 이 경우의 확률은 각각 $\frac{1}{6}$이므로 두 확률을 곱하면 $\frac{1}{6} \times \frac{1}{6} = \frac{1}{36}$이 됩니다.

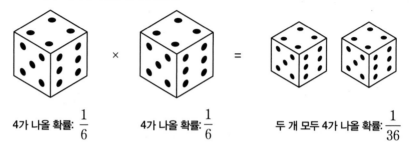

〈 두 개의 주사위를 동시에 던짐 〉

4가 나올 확률: $\frac{1}{6}$          4가 나올 확률: $\frac{1}{6}$          두 개 모두 4가 나올 확률: $\frac{1}{36}$

간단히 정리해 보면, 한 개의 주사위를 던졌을 때는 두 사건에 동시에 일어나지 않기 때문에 확률의 덧셈이 적용되고, 두 개의 주사위를 동시에 던질 때는 서로 종속되는 사건으로 확률의 곱셈이 적용됩니다.

주머니 안에 1부터 20까지의 수가 적힌 구슬이 들어있다. 이 중에서 한 개의 구슬을 꺼내려고 한다. 이때 3의 배수 또는 7의 배수일 확률은 어떻게 되는지 구해봅시다.

1부터 20까지의 수 중 3의 배수에 해당하는 경우의 수는 3, 6, 9, 12, 15, 18로 총 6이며 확률 $p = \dfrac{3의\ 배수일\ 경우의\ 수}{모든\ 경우의\ 수} = \dfrac{6}{20}$입니다. 7의 배수에 해당하는 경우의 수는 7, 14로 총 2이며 확률 $p = \dfrac{7의\ 배수일\ 경우의\ 수}{모든\ 경우의\ 수} = \dfrac{2}{20}$입니다. 이는 동시에 일어나지 않기 때문에 확률의 덧셈을 이용하면 됩니다. 따라서 주머니 안에서 꺼낸 구슬이 3의 배수 또는 7의 배수일 확률은 $\dfrac{6}{20} + \dfrac{2}{20} = \dfrac{8}{20}$으로 약분하면 $\dfrac{2}{5}$이 됩니다.

```
1    total = 0                  # 모든 경우의 수
2    three_multiple = 0         # 3의 배수일 경우의 수
3    seven_multiple = 0         # 7의 배수일 경우의 수
4
5    for num in range(1, 21):        # 구슬의 수 1~20 반복
6        total += 1                  # 모든 경우의 수 1씩 증가
7        if num % 3 == 0:
8            three_multiple += 1     # 3의 배수일 경우의 수를 1씩 증가
9        if num % 7 == 0:
10           seven_multiple += 1     # 7의 배수일 경우의 수를 1씩 증가
11
12   p = (three_multiple/total) + (seven_multiple/total)
13   print("3의 배수 또는 7의 배수일 확률은", p )
```

실행 결과 ⋯▶

3의 배수 또는 7의 배수일 확률은 0.4

코드 해설 ⋯▶

5행 : 1부터 20까지의 수를 하나씩 읽어옵니다.

6행 : 읽어 들인 자료를 하나씩 더해 total 변수에 저장합니다.

7행 : 읽어 들인 자료를 3으로 나눠 나머지가 0이면 3의 배수에 해당합니다.

8행 : 읽어 들인 자료가 3의 배수이면 three_multiple 변수에 1씩 더합니다.

9행 : 읽어 들인 자료를 7로 나눠 나머지가 0이면 7의 배수에 해당합니다.

10행 : 읽어 들인 자료가 7의 배수이면 seven_multiple 변수에 1씩 더합니다.

12행 : p는 3의 배수일 확률(three_multiple/total)과 7의 배수일 확률(seven_multiple/total)을 더해서 구합니다.

지금까지 경우의 수와 확률에 대하여 학습해 보았습니다. 두 개의 사건이 동시에 일어났을 때와 동시에 일어나지 않을 때의 확률이 달라진다는 점을 유념하고 다음 문제를 해결해 볼까요?

**자리 뽑을 확률 구하기**

> 자리 번호표를 뽑아 학생들이 앉을 자리를 배치하려고 한다. 자리 번호표는 1~30의 자연수
> 가 적혀 있으며 총 5분단으로 이루어져 있다. 뽑은 번호를 5로 나눈 나머지가 해당 분단을
> 나타낸다. 단 나머지가 0일 경우에는 5분단에 배치한다. 예를 들어 뽑은 번호가 13이면 13
> 을 5로 나눈 나머지가 3이므로 3분단에 배치하게 된다. 그럼 1분단 또는 5분단을 뽑을 확
> 률은 어떻게 될까?

자리 번호표 1~30까지의 중 1분단이 되기 위해서는 5로 나눈 나머지가 1이어야 합
니다. 나머지가 1이 되는 경우의 수는 1, 6, 11, 16, 21, 26으로 6이므로 확률은 $\dfrac{6}{30}$
이 됩니다. 그리고 5분단이 되기 위해서는 5로 나눈 나머지가 0이어야 합니다. 나머
지가 0이 되는 경우의 수는 5, 10, 15, 20, 25, 30으로 6이므로 확률은 $\dfrac{6}{30}$이 됩니다.
따라서 1분단 또는 5분단을 뽑을 확률은 $\dfrac{6}{30} + \dfrac{6}{30} = \dfrac{12}{30}$이며 약분하면 $\dfrac{2}{5}$가 됩니다.

코드 7-3-2

```
1    total = 0          # 모든 경우의 수
2    first_group = 0    # 1분단의 경우의 수
3    fifth_group = 0    # 5분단의 경우의 수
4
5    for num in range(1, 31):     # 자리 번호표 1~30 반복
6        total += 1               # 모든 경우의 수 1씩 증가
7        if num % 5 == 1 :
8            first_group += 1     # 1분단 경우의 수를 1씩 증가
9        elif num % 5 == 0 :
10           fifth_group += 1     # 5분단 경우의 수를 1씩 증가
11
12   p = (first_group/total) + (fifth_group/total)
13   print("1분단 또는 5분단을 뽑을 확률은", p)
```

실행 결과 ···>

1분단 또는 5분단을 뽑을 확률은 0.4

코드 해설 ···>

5행  : 1~30까지의 번호를 하나씩 읽어옵니다.

6행  : 읽어 들인 자료를 하나씩 더해 total 변수에 저장합니다.

7행 : 읽어 들인 수를 5로 나눠서 나머지가 1이면 1분단에 해당합니다.

8행 : 1분단에 해당하면 1분단의 경우의 수를 누적하는 변수 first_group 에 1씩 더합니다.

9행 : 읽어 들인 수를 5로 나눠서 나머지가 0이면 5분단에 해당합니다.

10행 : 5분단에 해당하면 5분단의 경우의 수를 누적하는 변수 fifth_group 에 1씩 더합니다.

12행 : p는 1분단을 뽑을 확률(first_group/total)과 5분단을 뽑을 확률(fifth_group/total)을 더해서 구합니다.

위 결과처럼 1분단 또는 5분단을 뽑을 확률은 $\frac{2}{5}$입니다. 반면에, 한번 뽑은 자리 번호표는 다시 뽑을 수 있다는 가정하에 처음에 1분단을 뽑고 그 다음으로 5분단을 뽑을 확률은 $\frac{6}{30} \times \frac{6}{30} = \frac{36}{900}$가 되므로 최종, $\frac{1}{25}$이 됩니다. 여기서, 두 사건이 개별적으로 각각 일어날 확률보다 연속적으로 일어날 경우에 확률이 더 적은 것을 발견할 수 있습니다.

실제 보드게임을 할 때 승리할 확률을 예상해 본다면 더 재밌게 게임을 할 수 있지 않을까요?

### 보드게임에서 승리하기

두 친구가 보드게임을 하고 있다. 마지막으로, 두 개의 주사위를 동시에 던져야 하는데 A주사위는 짝수가 나오고 B주사위는 6의 약수가 나온다면 이번 게임에서 역전하게 된다. 과연 보드게임에서 이길 수 있는 확률은 얼마나 될까?

주사위에서 짝수는 2, 4, 6으로 3개가 있으므로 A 주사위에서 짝수가 나올 확률은 $\frac{3}{6}$이며 약분하면 $\frac{1}{2}$이 됩니다. 주사위에서 6의 약수는 1, 2, 3, 6으로 4개가 있으므로 B주사위에서 6의 약수가 나올 확률은 $\frac{4}{6}$이므로 약분하면 $\frac{2}{3}$가 됩니다. 따라서, 동시에 던져 A 주사위는 짝수가 나오고, B 주사위는 6의 약수가 나올 확률은

CHAPTER 7 03 경우의 수와 확률

$$\frac{1}{2} \times \frac{2}{3} = \frac{1}{3} \text{입니다.}$$

위 문제의 확률을 구하는 프로그램을 작성해 봅시다.

코드 7-3-3

```
1   total = 0         # 모든 경우의 수
2   a_even = 0        # 짝수일 경우의 수
3   b_divisor = 0 # 6의 약수일 경우의 수
4
5   for num in range(1, 7) : # 주사위의 수 1~6 반복
6       total += 1                # 모든 경우의 수 1씩 증가
7       if num % 2 == 0 :
8           a_even += 1           # 짝수일 경우의 수를 1씩 증가
9       if 6 % num == 0 :
10          b_divisor += 1            # 6의 약수일 경우의 수를 1씩 증가
11
12  p = ( a_even / total) * ( b_divisor / total )
13  print("A 주사위는 짝수의 눈이 나오고 B 주사위는 6의 약수의 눈이 나올 확률은
    %.2f" %p)
```

실행 결과 ⋯▸

A 주사위는 짝수의 눈이 나오고 B 주사위는 6의 약수의 눈이 나올 확률은 0.33

코드 해설 ⋯▸

5행 : 주사위에 적힌 1부터 6까지의 수를 하나씩 읽어옵니다.

6행 : 읽어 들인 자료를 하나씩 더해 total 변수에 저장합니다.

7행 : 읽어 들인 자료를 2로 나눠 나머지가 0이면 짝수에 해당합니다.

8행 : 짝수이면 짝수일 경우의 수를 저장할 변수 a_even 에 1씩 더합니다.

9행 : 읽어 들인 자료를 6으로 나눠 나머지가 0이면 6의 약수에 해당합니다.

10행 : 6의 약수이면 6의 약수 경우의 수를 저장할 변수 b_divisor에 1씩 더합니다.

12행 : p는 짝수일 확률(a_even/total)과 6의 약수일 확률(b_divisor/total)을 곱
해서 구합니다.

13행 : 확률 p를 소수점 이하 둘째 자리까지 출력합니다. 이때 소수점 셋째 자리에서
반올림합니다.

지금까지 경우의 수와 확률에 대하여 알아보았습니다. 경우의 수는 모든 경우에 대하여 사건이 일어날 경우를 구하는 것입니다. 사건들이 동시에 일어나지 않는다면 더하고, 동시에 일어난다면 곱하여 구할 수 있습니다. 각각의 경우 수를 모든 경우의 수로 나누어주면 확률이 됩니다. 여기까지만 정확히 알고 있어도 여러분은 대부분 일상생활에서 일어나는 경우의 수와 확률을 계산할 수 있습니다.

# UNIT 04

## 평균값, 중앙값, 최빈값

Problem Solving Python with Basic Math

대푯값은 말 그대로 대표하는 값입니다. 즉, 자료 전체의 중심 경향이나 특징을 대표 적으로 나타내는 값을 말합니다. 자주 사용되는 대푯값에는 평균값, 중앙값, 최빈값 이 있습니다.

다음 데이터는 모둠원들의 몸무게를 조사하여 나타낸 것입니다. 이를 가지고 몸무게 의 평균, 중앙값, 최빈값을 각각 구해 볼까요?

```
[자료] (단위: kg)
60, 56, 53, 53, 66, 69, 62, 63, 50, 67
```

## 몸무게의 평균값

**01**

평균값은 일상에서 자주 사용하는 대푯값으로 변량의 총합을 변량의 개수로 나눈 값 입니다. 즉, 수학 성적의 반 평균은 2학년 1반 전체 학생의 수학 성적을 2학년 1반 학생 수로 나눈 값이며, 수학 과목 평균은 2학년 전체 수학 성적을 2학년 전체 학생 수로 나눈 값을 말합니다.

$$평균 = \frac{(변량의\ 총합)}{(변량의\ 개수)}$$

우선, 수식으로 몸무게의 평균을 구해보고 프로그래밍 해 봅시다.

평균은 변량의 총합을 변량의 개수로 나눈 값이므로

$$평균 = \frac{60 + 56 + 53 + 53 + 66 + 69 + 62 + 63 + 50 + 67}{10} = 59.9입니다.$$

코드 7-4-1

```
1    w_mean = 0                               # 평균
2
3    weight = [60, 56, 53, 53, 66, 69, 62, 63, 50, 67]
4
5    w_mean = sum(weight) / len(weight) # 몸무게의 평균
6    print("몸무게의 평균 : ", w_mean)          # 평균 출력
```

실행 결과 ⋯▸

> 몸무게의 평균 : 59.9

코드 해설 ⋯▸ 5행 : len( ) 함수는 weight 리스트의 자료가 몇 개인지 알 수 있습니다.

sum( ) 함수를 이용하여 weight 리스트의 자료의 합을 구해줍니다. 그 합을
자료의 개수로 나누면 평균을 구할 수 있습니다.

프로그래밍도 동일한 결과가 나오는 것을 확인할 수 있습니다.

## 몸무게의 중앙값

02

중앙값은 자료의 변량을 작은 값부터 크기순으로 나열할 때 중앙에 위치한 값입니
다. 변량의 개수가 홀수이면 중앙에 위치하는 값이 중앙값, 변량의 개수가 짝수이면
중앙에 위치한 두 값의 평균이 중앙값입니다. 예를 들어 변량의 개수가 홀수, 짝수일
경우를 살펴보면 다음과 같습니다. 단, 중앙값을 구하기 전에 반드시 변량들을 작은
값부터 크기순으로 나열해야 합니다.

■ 변량의 개수가 홀수인 경우

| · 5개일 경우 | <br> 10  20  **20**  30  40 <br> 중앙값 = 20 |
|---|---|
| · 7개일 경우 | <br> 10  20  20  **20**  30  40  50 <br> 중앙값 = 20 |

■ 변량의 개수가 짝수인 경우

| · 6개일 경우 | <br> 10  20  **30  40**  50  50 <br> 중앙값 = (30+40)/2=35 |
|---|---|
| · 8개일 경우 | <br> 10  20  20  **20  30**  40  50  50 <br> 중앙값 = (20+30)/2=25 |

이번에는 모둠원들의 몸무게를 조사한 데이터로 살펴보겠습니다. 중앙값은 자료의 변량을 작은 값부터 크기 순으로 나열할 때 중앙에 위치한 값입니다. 모둠원들의 몸무게를 작은 값부터 나열하면 다음과 같습니다.

$$50 \quad 53 \quad 53 \quad 56 \quad \underline{60 \quad 62} \quad 63 \quad 66 \quad 67 \quad 69$$

그런데, 몸무게 데이터의 개수가 짝수이므로 여기에서 중앙에 위치한 값은 60과 62의 합을 2로 나눈 값 $\dfrac{60 + 62}{2}$ 이므로 중앙값은 61이 됩니다.

코드 7-4-2

```
1   w_median = 0      # 중앙값
2   w_count = 0       # 리스트 자료의 개수
3
4   weight = [60, 56, 53, 53, 66, 69, 62, 63, 50, 67]
5   weight.sort( )    # weight 리스트 값을 오름차순으로 정렬
6
7   w_count = len(weight)     # weight 리스트 자료의 개수를 구함
8   if w_count % 2 == 0 :        # 자료의 개수가 짝수일 때 몸무게의 중앙값
9       w_median = (weight[w_count//2 - 1] + weight[w_count//2]) / 2
10  else :                        # 자료의 개수가 홀수일 때 몸무게의 중앙값
11      w_median = weight[w_count//2]
12  print("몸무게의 중앙값은", w_median) # 중앙값 출력
```

실행 결과 ···➤

몸무게의 중앙값은 61.0

코드 해설 ···➤

5행 : sort( ) 함수를 이용하여 weight 리스트의 값을 오름차순으로 정렬합니다. 따라서, weight = [50, 53, 53, 56, 60, 62, 63, 66, 67, 69]로 정렬됩니다.

| list.sort( ) | 리스트에 있는 자료를 정렬해주는 함수입니다. |
| --- | --- |

list.sort( ) 함수는 기본적으로 리스트를 오름차순으로 정렬해줍니다. 내림차순으로 정렬 할 경우에는 reverse 옵션을 사용하면 됩니다. 기본값으로는 list.sort(reverse=False)으로 되어 있습니다. 따라서 list.sort(reverse=True)로 변경하면 리스트가 내림차순으로 정렬이 됩니다.

7행 : len( ) 함수를 이용하여 weight 리스트 자료의 개수를 구하여 w_count 변수에 저장합니다.

8행 : 자료의 개수가 짝수이면 중앙에 위치한 두 값의 평균이 중앙값, 홀수이면 중앙에 위치하는 값이 중앙값입니다. 따라서 자료의 개수 w_count 를 2로 나눴을 때 나머지가 0이면 짝수이고 그렇지 않을 경우는 홀수로 나눠 코드를 작성합니다.

9행 : w_count % 2 == 0 일 경우 (짝수일 때) 정렬한 자료의 가운데 두 자료를 더한 후 2로 나누어 w_median 변수에 저장합니다. weight 리스트의 인덱스가 0부터 시작하므로 weight[w_count//2 - 1] 와 weight[w_count//2]의 합을 2로 나누면 중앙값이 됩니다. w_count는 10이므로 w_count//2의 결과는 5가 됩니다. 따라서, weight[w_count//2 - 1]는 weight[4]가 되므로 60 데이터를 지정하고 weight[w_count//2]는 weight[5]가 되므로 62 데이터가 됩니다. 따라서, 60과 62를 2로 나누면 61이 됩니다.

11행 : 홀수일 경우 정렬한 자료의 가운데 데이터 값을 w_median 변수에 저장합니다.

## 몸무게의 최빈값

**03**

최빈값은 자료의 변량 중에서 가장 많이 나타나는 값입니다. 즉, 최고의 빈도수를 나타내는 값입니다. 이는 자료에 따라 2개 이상일 수도 있습니다.

| 변량 | 빈도수 |
| --- | --- |
| 10 | 1 |
| 20 | 3 |
| 30 | 1 |
| 40 | 1 |
| 50 | 2 |

최빈값 = 20

최빈값은 자료의 변량 중에서 가장 많이 나타나는 값이며, 모둠원들의 몸무게를 작은 값부터 나열하면 다음과 같습니다.

50 <u>53 53</u> 56 60 62 63 66 67 69

위와 같이 53의 값이 2번으로 가장 많이 나왔기 때문에 최빈값은 53이 됩니다.

코드 7-4-3

```
1   weight = [60, 56, 53, 53, 66, 69, 62, 63, 50, 67]
2
3   mini = min(weight)    # weight 리스트의 최솟값을 구함
4   maxi = max(weight)    # weight 리스트의 최댓값을 구함
5
6   freq = [0] * (maxi - mini + 1) # freq 리스트 값을 모두 0으로 초기화
7
8   for i in weight :
9       freq[i-mini] += 1
10  print(freq) # freq 리스트의 자료(weight 리스트의 각 자료의 개수) 출력
11
12  check_list = list(range(mini, maxi+1))
13  # 최솟값부터 최댓값까지 정수를 갖는 check_list 리스트를 생성
14  print(check_list)    # check_list 리스트의 자료 출력
15
16  freq_max = 0           # 가장 큰 빈도를 찾기 위한 변수 초기화
17  for i in freq :        # freq 리스트에서 가장 큰 빈도 수 찾기
18      if i > freq_max :
19          freq_max = i
20
21  mode = freq.index(freq_max) + mini # 최빈값을 구함
22  print("몸무게의 최빈값은", mode)
```

실행 결과 ⋯▶

```
[1, 0, 0, 2, 0, 0, 1, 0, 0, 0, 1, 0, 1, 1, 0, 0, 1, 1, 0, 1]
[50, 51, 52, 53, 54, 55, 56, 57, 58, 59, 60, 61, 62, 63, 64, 65, 66, 67, 68, 69]
몸무게의 최빈값은 53
```

코드 해설 ⋯▶

3~4행 : max( ), min( ) 함수를 이용하여 weight 리스트 자료 중 가장 큰 값과 가장 작은 값을 구합니다.

6행 : weight 리스트 자료 중 가장 큰 값과 작은 값의 차에 1을 더해 freq 리스트 자료의 개수를 weight 리스트 자료의 개수와 같게 만듭니다. 그리고 freq 리스트 자료를 모두 0으로 초기화합니다.

변수나 리스트가 생성되면 이곳에 원하지 않은 값이 자동으로 저장이 될 수 있으므로 정확한 계산을 위해 0으로 초기화해야 합니다.

8~9행 : weight 리스트의 자료를 읽어 그 자료의 개수를 freq 리스트에 1씩 더합니다. i-mini를 하는 이유는 자료의 가장 작은 값이 index 0부터 시작하도록 하기 위해서입니다. 예를 들어 weight 리스트의 값이 50이면 freq[0] 에 1을 더합니다. 또 weight 리스트의 값이 69이면 freq[19] 에 1을 더합니다.

10행 : freq 리스트의 자료(weight 리스트의 각 자료의 개수)를 출력합니다.

12행 : weight 리스트의 최솟값(50)에서 최대값(69)까지 정수를 갖는 check_list 리스트 생성합니다. 이는 freq 리스트 값이 어떤 자료 값의 누적 개수인지를 한 눈에 보기 위한 작업입니다.

14행 : check_list 리스트의 자료(50~69의 정수)를 출력합니다.

16행 : 누적 개수가 많은 값을 찾기 위해 freq_max 변수를 0으로 초기화합니다.

17행 : freq 리스트 자료를 하나씩 읽어 들입니다.

18행 : 읽어 들인 자료와 freq_max 값과 비교하여 읽어 들인 값이 더 크면

19행 : freq_max 변수에 읽어 들인 값을 저장합니다. 이렇게 하면 최대값이 freq_max 에 저장됩니다.

21행 : freq 리스트에서 누적 개수가 가장 큰 값에 해당하는 인덱스를 구하고, 여기에 weight 리스트의 최솟값(50)을 더하면 몸무게의 최빈값이 됩니다. 이 최빈값을 mode 변수에 저장합니다.

22행 : 최빈값을 출력합니다.

위 프로그램은 문제점이 있습니다. 무엇일까요?

위 프로그램에서 체중 자료를 다음과 같이 변경하고 실행해 보겠습니다.

weight = [60, 60, 53, 53, 66, 69, 62, 63, 50, 67]

결과는 최빈값으로 53만 나옵니다. 변경된 리스트를 보면 53과 60의 빈도수가 2로 같습니다. 위 프로그램의 문제점은 최빈값이 여러 개일 경우 가장 작은 값만 출력된다는 것입니다.

딕셔너리 구조를 이용해서 위 프로그램의 문제를 간단하게 해결해 보겠습니다.

```
1   weight = [60, 60, 53, 53, 66, 69, 62, 63, 50, 67]
2   md = {} # md는 딕셔너리
3
4   for i in weight :
5       md[i] = weight.count(i)
6   # print(md) # 딕셔너리 md 값을 확인하고 싶을 때 사용
7   count = max(md.values())
8   print("** 몸무게의 최빈값 **")
9   for i, j in md.items() :
10      if j == count :
11          print(i)
```

실행 결과 ⋯▶

```
** 몸무게의 최빈값 **
60
53
```

코드 해설 ⋯▶

4~5행 : 리스트 weight를 가지고 딕셔너리 md를 만듭니다. weight 자료의 값인
60, 53, 66, 69, 62, 63, 50, 67은 md의 키(key)가 되고 weight 자료의
값의 빈도수는 md의 값(value)이 됩니다. 실행 후 md를 출력해 보면 다
음과 같습니다.

{60: 2, 53: 2, 66: 1, 69: 1, 62: 1, 63: 1, 50: 1, 67: 1}

딕셔너리 md에 있는 키와 값으로부터 체중 60과 53의 빈도수는 2개, 그
외는 1개 있음을 알 수 있습니다.

7행 : md의 값인 '2, 2, 1, 1, 1, 1, 1, 1' 중에서 가장 큰 값인 2가 변수 count
에 저장합니다. 즉, count에 저장된 값은 가장 큰 빈도수입니다.

9~11행 : 변수 i와 j에 딕셔너리 md의 키와 값이 저장되고, j가 count와 같다면 그
때의 i는 최빈수이므로 출력합니다.

지금까지 파이썬 알고리즘을 작성하여 평균값, 중앙값, 최빈값을 프로그램 해 보았
습니다. 그런데, 외부 라이브러리를 활용하면 더욱 쉽게 대푯값을 구할 수 있습니다.

## 넘파이(numpy)를 활용한 대푯값

넘파이(numpy) 라이브러리를 활용하면 평균값, 중앙값, 최빈값을 더 간단하게 구할 수 있습니다. 위 예제를 바탕으로 파이썬 코드를 다시 작성해 보도록 하겠습니다.

코드 7-4-5

```
1   import numpy as np
2
3   weight = [60, 56, 53, 53, 66, 69, 62, 63, 50, 67]
4
5   print("몸무게의 평균은 ", np.average(weight))
6   print("몸무게의 중앙값은 ", np.median(weight))
7   print("몸무게의 최빈값은 ", np.bincount(weight).argmax())
```

실행 결과 ⋯▶

```
몸무게의 평균은  59.9
몸무게의 중앙값은  61.0
몸무게의 최빈값은  53
```

코드 해설 ⋯▶

5행 : numpy 라이브러리에는 평균을 구하는 average( ) 함수가 있습니다. average( ) 함수를 이용하면 쉽게 평균을 구하여 출력합니다.

6행 : numpy 라이브러리에는 중앙값을 구하는 median( ) 함수가 있습니다. median( ) 함수를 이용하면 쉽게 중앙값을 구하여 출력합니다.

7행 : numpy 라이브러리에는 최빈값을 bincount( ), argmax( ) 함수를 이용하면 쉽게 구할 수 있습니다. bincount(weight) 는 해당 리스트에서 0부터 최댓값인 69까지 숫자가 몇 개 있는지 array로 돌려줍니다. 예는 다음과 같이 0~49까지는 없으니 0, 50은 1개, 51은 0개, 52는 0개, 53은 2개 이런 식으로 돌려줍니다. argmax( ) 함수는 최댓값이 어떤 원소인지를 알려 줍니다.

대푯값인 평균값, 중앙값, 최빈값을 학습하고 프로그램을 작성해 보았습니다. 이를 바탕으로 문제를 해결해 봅시다.

## 대푯값 구하기

길벗학교 2학년 남학생들은 보통 윗몸일으키기를 몇 회 하는지 알고 싶어서 다음과 같이 2학년 한 학급 남학생의 윗몸일으키기 횟수를 조사하였다. 이 자료를 통해 대푯값(평균값, 중앙값, 최빈값)을 구하면?

[자료] (단위: 회)
10, 25, 12, 15, 29, 20, 18, 21, 8, 15, 14, 21, 15, 9, 17

평균은 윗몸일으키기 횟수의 총합을 남학생의 수로 나눈 값이므로

$$\frac{10+25+12+15+29+20+18+21+8+15+14+21+15+9+17}{15}$$

$= 16.6$ 입니다.

중앙값은 윗몸일으키기 횟수가 적은 값부터 많은 순으로 나열하여 중앙에 위치한 값이므로 15입니다.

마지막 최빈값은 윗몸일으키기 횟수 중 가장 많이 나타나는 값입니다. 따라서 15회는 3명, 21회는 2명, 나머지는 1명씩 각기 다른 값이므로 3명이 동일한 윗몸일으키기 횟수인 15가 최빈값이 됩니다.

따라서 길벗학교 2학년 남학생들은 윗몸일으키기를 16.6회(평균값 기준), 15회(중앙값, 최빈값 기준) 하는 것으로 볼 수 있습니다.

위 대푯값을 간단하게 구하기 위해 numpy 라이브러리를 활용하여 프로그램을 작성해 보겠습니다.

```
1   import numpy as np
2
3   data = [10, 25, 12, 15, 29, 20, 18, 21, 8, 15, 14, 21, 15, 9, 17]
4
5   print("남학생의 윗몸일으키기 평균은 ", np.average(data))
6   print("남학생의 윗몸일으키기 중앙값은 ", np.median(data))
7   print("남학생의 윗몸일으키기 최빈값은 ", np.bincount(data).argmax())
```

실행 결과 ···

```
남학생의 윗몸일으키기 평균은  16.6
남학생의 윗몸일으키기 중앙값은  15.0
남학생의 윗몸일으키기 최빈값은  15
```

코드 해설 ···

5행 : numpy 라이브러리의 평균을 구하는 average( ) 함수를 이용하여 평균을 구하여 출력합니다.

6행 : numpy 라이브러리의 중앙값을 구하는 median( ) 함수를 이용하여 중앙값을 구하여 출력합니다.

7행 : 최빈값은 numpy 라이브러리의 bincount( ), argmax( ) 함수를 이용하여 구할 수 있습니다. bincount(data) 는 해당 리스트에서 0부터 최대값인 29까지 숫자가 몇 개 있는지 array로 돌려줍니다. 예는 다음과 같이 0~7까지는 없으니 0, 8은 1개, 9는 1개, 10은 1개, 11은 0개, 12는 1개, …, 29는 1개 이런 식으로 돌려줍니다. argmax( ) 함수는 최댓값이 어떤 원소인지를 알려 줍니다.

지금까지 평균값, 중앙값, 최빈값을 알고리즘을 통해 구하고, 파이썬에서 제공하는 numpy 라이브러리를 통해서도 편리하게 구해보았습니다. 대푯값은 말 그대로 대표하는 값입니다. 즉, 자료의 중심 경향이나 특징을 대표적으로 나타내는 값을 말합니다. 다음 장에서는 대푯값을 가지고 분산과 표준편차를 구해보도록 하겠습니다.

UNIT
05

# 분산과 표준편차

Problem Solving Python with Basic Math

산포도는 자료 전체가 대푯값을 중심으로 흩어져 있는 정도를 수로 나타낸 값입니다. 예를 들어 평균을 기준으로 평균에서 얼마나 떨어져 있는가를 시각적으로 표현하기 위해 점을 찍어 표현한 그래프입니다. 산포도에는 여러 가지가 있는데 분산과 표준편차를 가장 많이 사용합니다.

분산은 모든 데이터가 평균에서 얼마나 떨어져 있는지를 알아보는 값입니다. 이를 수학적으로 표현하면 각 변량의 편차의 제곱의 합을 전체 변량의 개수로 나눈 값, 즉 편차의 제곱의 평균입니다. 여기서 편차는 자료의 한 변량에서 평균을 뺀 값을 말한 것으로 평균에서 얼마나 떨어져 있는지를 나타냅니다.

- 편차 = 변량 − 평균 (즉, 평균에서 떨어진 정도)

- 분산 $= \dfrac{(\text{편차})^2 \text{의 총합}}{(\text{변량의 개수})}$

편차, 분산, 표준편차를 살펴보면 다음과 같습니다.

| 평균 = 5 | | | | | | |
|---|---|---|---|---|---|---|
| 변량 | 2 | 4 | 5 | 5 | 6 | 8 |
| 편차 | $2-5$ $=-3$ | $4-5$ $=-1$ | $5-5$ $=0$ | $5-5$ $=0$ | $6-5$ $=1$ | $8-5$ $=3$ |

분산을 그림으로 표현하면 이해가 쉽습니다.

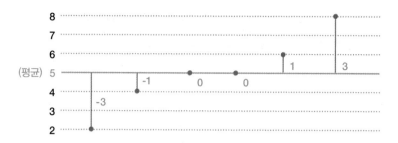

- 분산 $= \dfrac{(-3)^2 + (-1)^2 + (0)^2 + (0)^2 + (1)^2 + (3)^2}{6}$

  $= \dfrac{20}{6} = \dfrac{10}{3} = 3.333\cdots ≒ 3.33$

- 표준편차 $= \sqrt{\dfrac{10}{3}} ≒ 1.83$

평균과 분산은 이해가 되는데 표준편차는 잘 이해가 안 되지요? 분산을 구하기 위해 평균을 구했으나 그 과정에서 제곱을 하여 계산을 하였기 때문에, 실제 값에서 너무 멀어져 있습니다. 그렇다 보니 실제 값에 근접하도록 제곱근(루트)를 씌워준 것입니다. 즉, 분산에 루트를 씌운 것이 표준편차이며, 이 표준편차는 평균으로부터 원래 데이타에 대한 오차 범위의 근사 값이라 할 수 있습니다. 즉, 표준편차 값이 작을수록 평균값에서 변량들의 거리가 가깝습니다.

위 자료를 바탕으로 분산과 표준편차를 구하는 프로그램을 작성해 보겠습니다.

코드 7-5-1

```
1    data = [2, 4, 5, 5, 6, 8]
2
3    avg = sum(data) / len(data)                # 평균
4    var_list = [(i-avg)**2 for i in data]      # 리스트 내포를 이용한 리스트
5    var = sum(var_list) / len(var_list)        # 분산
6    std = var**(1/2)                           # 표준편차
7
8    print("평균은", avg)                        # 평균 출력
9    print("분산은 %.2f" %var)                   # 분산 출력
10   print("표준편차는 %.2f" %std)               # 표준편차 출력
```

실행 결과 ···▶

평균은 5.0
분산은 3.33
표준편차는 1.83

코드 해설 ···▶

3행 : 평균은 변량의 총합을 변량의 개수로 나눈 값이므로 data 리스트의 자료 값의 합을 data 리스트의 자료의 개수로 나누어 구합니다.

4행 : 분산 $= \dfrac{(편차)^2의\ 총합}{(변량의\ 개수)}$ 이므로 우선 $(편차)^2$을 var_list 리스트에 저장해 둡니다.

data 리스트의 자료와 평균을 이용하여 $(편차)^2$을 계산하여 var_list 리스트에 넣습니다. 이렇게 리스트 내포(list comprehension)를 이용하면 여러 줄의 코드를 보다 간단하게 작성할 수 있습니다.

> ※ 리스트 내포(list comprehension)
>
> 파이썬의 리스트는 독특하게 리스트 안에 for 반복문과 if 조건문을 사용할 수 있습니다. 이렇게 리스트 안에 식, for 반복문, if 조건문 등을 지정하여 리스트를 생성하는 것을 리스트 내포라고 합니다.

5행 : 분산 $= \dfrac{(편차)^2의\ 총합}{(변량의\ 개수)}$ 이므로 var_list 리스트에 저장해 둔 $(편차)^2$의 합을 var_list 리스트 자료의 개수로 나누어 구합니다.

6행 : 표준편차 $= \sqrt{(분산)}$ 이므로 이미 구한 분산 var에 제곱근($\sqrt{\ \ }$)을 씌워 계산합니다.

지금까지 학습한 분산과 표준편차를 바탕으로 다음 문제를 해결해 봅시다.

문제 해결하기 ···▶

### 수학 성적의 분산과 표준편차

친구들의 지필고사 수학 과목 성적 분포가 다음과 같을 때, 분산과 표준 편차를 구하면?

[자료] (단위: 점)
76, 90, 96, 85, 81, 100

위 성적의 평균은 $\dfrac{76+90+96+85+81+100}{6}=88$입니다.

분산은 $\dfrac{(편차)^2의 총합}{(변량의 개수)}$ 이므로

$$\dfrac{(76-88)^2+(90-88)^2+(96-88)^2+(85-88)^2+(81-88)^2+(100-88)^2}{6}$$
$=69$ 입니다.

표준편차는 $\sqrt{(분산)}$ 이므로 $\sqrt{69}=8.306623862918075≒8.31$입니다.

따라서,

평    균 : 88

분    산 : 69

표준편차 : ≒ 8.31

코드 7-5-2

```
1    score = [76, 90, 96, 85, 81, 100]
2
3    avg = sum(score) / len(score)              # 평균
4    var_list = [(i-avg)**2 for i in score]     # 리스트 내포를 이용한 리스트
5    var = sum(var_list) / len(var_list)        # 분산
6    std = var**(1/2)                           # 표준편차
7
8    print("평균은", avg)                        # 평균 출력
9    print("분산은", var)                        # 분산 출력
10   print("표준편차는 %.2f" %std)               # 표준편차 출력
```

실행 결과 ···

```
평균은 88.0
분산은 69.0
표준편차는 8.31
```

코드 해설 ···

3행 : 평균은 변량의 총합을 변량의 개수로 나눈 값이므로 score 리스트의 자료 값의 합을 score 리스트의 자료의 개수로 나누어 구합니다.

4행 : 분산 $=\dfrac{(편차)^2의 총합}{(변량의 개수)}$ 이므로 우선 $(편차)^2$을 var_list 리스트에 저장해 둡니다.

score 리스트의 자료와 평균을 이용하여 을 계산하여 var_list 리스트에 넣습니다.

5행 : 분산 $= \dfrac{(편차)^2의\ 총합}{(변량의\ 개수)}$ 이므로 var_list 리스트에 저장해 둔 (편차)$^2$의 합을 var_list 리스트 자료의 개수로 나누어 구합니다.

6행 : 표준편차 $= \sqrt{(분산)}$ 이므로 이미 구한 분산 var에 제곱근($\sqrt{\phantom{}}$)을 씌워 계산합니다.

이번에는 파이썬 numpy 라이브러리를 이용하면 분산, 표준편차를 더 간단하게 구할 수 있습니다. 위 예제를 바탕으로 파이썬 코드를 다시 작성해 보도록 하겠습니다.

코드 7-5-3

```
1   import numpy as np
2
3   jumsu = [76, 90, 96, 85, 81, 100]
4
5   print("분산은", np.var(jumsu))
6   print("표준편차는", np.std(jumsu))
```

실행 결과 ⋯▶

분산은 69.0
표준편차는 8.306623862918075

코드 해설 ⋯▶

5행 : numpy 라이브러리에는 분산을 구하는 var( ) 함수가 있습니다. var( ) 함수를 이용하여 쉽게 분산을 구하여 출력합니다.

6행 : numpy 라이브러리에는 표준편차를 구하는 std( ) 함수가 있습니다. std( ) 함수를 이용하면 쉽게 표준편차를 구하여 출력합니다.

여러분은 전국 단위 시험을 보거나 행동특성검사 등을 보고 나면 평균 외에 표준 점수를 받아본 경험이 있을 것입니다. 이는 시험을 본 모든 학생들 중에 표준편차를 기준으로 나의 위치를 나타내는 점수라고 할 수 있습니다. 이를 제대로 이해하려면 통계 등을 더 깊이 있게 공부해야 합니다. 여기서는 통계적으로 의미가 있는 분산과 표준편차에 대해 학습하고 프로그래밍 해 보는 것으로도 훌륭한 학습을 해냈습니다.

# 부록

# 코딩
# 학습 사이트

프로그래밍을 공부하는 데에는 다양한 방법이 있습니다. 서점에서 프로그래밍 도서를 구매해 내용을 보며 하나씩 익힐 수도 있습니다. 요즘에는 다양한 프로그래밍 학습 플랫폼을 제공하여 수준에 맞게 공부하도록 돕고 있습니다. 스크래치와 엔트리처럼 블록 기반의 교육용 언어에서부터 프로그래머스를 통해 전문가 수준에 다다르면 개발자로 취업도 할 수 있습니다. 각 플랫폼의 대상과 학습 방법을 소개하고 있으나 초등학생도 관심과 열정만 있다면 전문가 수준의 프로그래밍을 할 수 있습니다. 부록에서는 대표적인 플랫폼을 소개합니다. 관심과 수준에 맞게 인공지능 수학을 학습할 수 있고, 개발자로서의 꿈을 키울 수도 있습니다.

## 1 코드점오알지(Code.org)

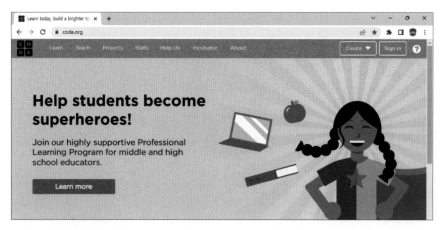

▲ https://code.org/

코드점오알지(code.org)는 미국의 코딩 교육을 위한 비영리 단체입니다. 모든 연령의 전 세계 사람들이 코딩의 기초 원리를 배울 수 있도록 모든 강의를 무료로 제공하고 있습니다. 단순한 코딩이 아닌 컴퓨터 과학의 원리를 함께 배우도록 도와줍니다. 마인크래프트와 학생들이 좋아하는 게임으로 미션을 수행하면서 코딩을 배울 수 있으며, 자신만의 프로젝트를 만들어 전 세계인과 공유할 수 있습니다. 코드점오알지(code.org)의 소개 영상은 우리가 왜 코딩을 배워야 하는지, 코딩으로 무엇을 할 수 있는지, 코딩을 배운 사람과 배우지 않은 사람이 미래에 어떤 차이가 나는지 빌게이츠, 마크 저커버그 등을 통해 직접 들을 수 있습니다. 여러분에게 이 영상을 추천합니다.

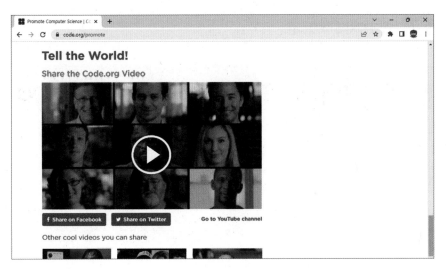

▲ https://code.org/

**대상** 코딩의 기초와 컴퓨터 과학의 원리를 배우고 싶은 학생

**학습법** 누구나 컴퓨터 과학을 배울 수 있어요. 컴퓨터 과학의 기초부터 시작해서 초~고등학생까지 수준에 맞게 배우고 앱, 게임, 웹 등을 만들어 보세요.

## 2  스크래치(Scratch)

▲ https://scratch.mit.edu/

스크래치는 교육용 프로그래밍 언어의 대표적인 프로그램입니다. 미국 매사추세츠 공과대학교(MIT) 미디어 연구소에서 모든 연령층에서 사용할 수 있도록 프로그래밍 교육을 위해 2006년 발표하였습니다. 스크래치 언어는 프로그래머가 사용하는 텍스트 코딩이 아니라 마치 레고처럼 블록을 사용하여 프로그램을 만드는 블록 기반 언어입니다. 그래서 프로그래밍을 처음 접해보는 사람들이 쉽게 게임을 만들거나 프로젝트를 재미있게 만들 수 있습니다. 스크래치 프로그래밍을 통해 문제 해결 능력, 프로젝트 기획 능력, 아이디어 교환을 위한 의사소통 능력이 향상됩니다. 타 학문과의 융합이 쉬워 수학, 컴퓨터 과학, 언어 학습 등과 연계할 수 있습니다. 이미 전 세계 수백만의 사람들이 스크래치를 통해 다양한 프로젝트를 만들고 공유하고 있습니다.

**대상** 컴퓨터로 게임만 해본 학생, 간단한 게임을 만들고 싶은 학생

**학습법** 우선 회원가입을 하세요. 그리고 레고를 조립한 경험으로 하나씩 블록을 조립해 보세요. 그러면 어느샌가 뚝딱! 재밌는 게임이 완성됩니다.

## 3 엔트리(Entry)

▲ https://playentry.org

미국에는 스크래치가 있다면 우리나라에는 엔트리(Entry)가 있습니다. 엔트리는 네이버 커넥트재단에서 운영하는 비영리 교육 플랫폼입니다. 스크래치에 비해 확장성이 좋아 사물인터넷 뿐만 아니라 인공지능 프로그래밍도 경험할 수 있습니다. 스크래치와 마찬가지로 블록 코딩으로 되어 있어 누구나 쉽게 프로그래밍을 배울 수 있습니다. 초등학교 소프트웨어 수업뿐만 아니라 방과후 수업에서 주로 활용되고 있어 학교 코딩 공부와 병행할 수 있는 장점도 있습니다. 또한 국내 교육 현장에 맞는 다양한 콘텐츠들을 개발하기 위해 학교 선생님들이 함께 참여하고 있습니다.

**대상** 프로그램을 처음 공부하는 학생, 쉽게 게임을 만들어 보고 싶은 학생
수업에 활용한 콘텐츠를 개발하고 싶은 선생님

**학습법** 블록을 조립하면서 다양한 기능을 구현해보세요. 그리고 자신만의 멋진 프로그램을 완성해
보세요.

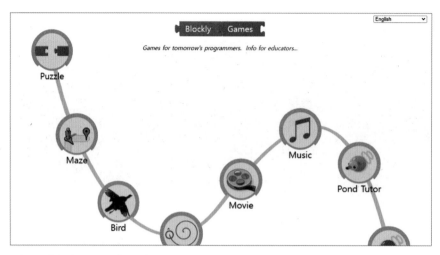

▲ https://blockly.games/

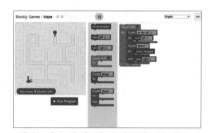

블라키(Blocky)는 로고에서 보여지는 것
처럼 블록 코딩 기반의 게임 알고리즘입니
다. 예를 들어, 미로를 클릭하면 출발지에
서 도착지로의 미션이 나타납니다. 그러면
사용자는 사람이 목적지에 도착하도록 블록 코딩을 이용하여 알고리즘을 완성하면
됩니다. 미션 수행을 완료하고 나면 자바스크립트로 해당 소스를 보여주고 다음 미
션으로 넘어갑니다.

이와 같은 문제를 단계별로 하나씩 해결해 가면서 자신도 모르게 문제해결 능력과
알고리즘 능력이 향상됩니다. 지금까지 게임만 했던 학생들도 재밌게 코딩을 배울
수 있습니다. 미로 게임 재미있어 보이지 않나요? 지금 당장 시작해 보세요.

**대상** 게임을 하면서 재미있게 알고리즘과 코딩을 배우고 싶은 학생

**학습법** 주어진 미션을 해결하는 알고리즘을 완성하고, 제공되는 자바스크립트 소스를 통해 코딩을
배우세요.

## 5  MIT 앱 인벤터(App Inventor)

▲ http://appinventor.mit.edu/

앱 인벤터(App Inventor for Android)는 구글이 제공한 오픈 소스 웹 애플리케이션입니다. 지금은 매사추세츠 공과대학교(MIT)에서 관리하고 있습니다. 앱 인벤터가 사용된 초기에는 스마트폰 사용이 막 보급되기 시작한 시기였습니다. 스마트폰 앱을 사용자가 직접 개발할 수 있다는 점에서 선풍적인 인기를 끌었습니다.

무엇보다 스크래치로 코딩을 배운 비전문가들이 블록 코딩 방식으로 앱을 만들 수 있습니다. 응용 소프트웨어를 애플리케이션(Application)이라고 하는데 이를 줄여 앱(App)이라 하고, 발명가를 뜻하는 단어인 인벤터(Inventor)를 붙여 앱 인벤터라 이름 지은 것입니다. 여러분도 앱 인벤터를 가지고 안드로이드 운영 체제 기반의 응용 소프트웨어를 만들 수 있습니다. 화면에 보이는 사용자 화면 설계는 그래픽 인터페이스를 사용하여 드래그 앤 드롭(Drag and Drop)으로 구성하도록 합니다. 버튼이 동작하기 위해서는 블록 코딩을 사용하므로 누구나 쉽게 앱을 개발할 수 있습니다.

**대상**  스크래치나 엔트리를 통해 프로그래밍을 경험해 본 초·중학생

**학습법**  친구들과 함께 아이디어를 내고 나와 우리 그리고 사회를 이롭게 할 앱을 개발해 보세요. 누구나 만들 수 있습니다.

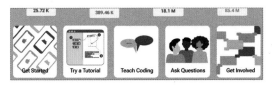

## 6 코드업2.0(CodeUp2.0)

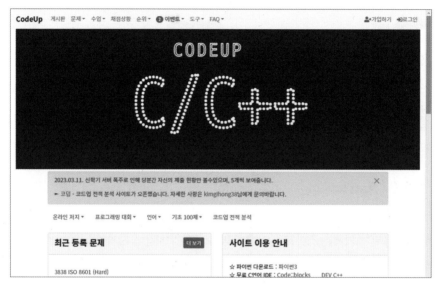

▲ https://codeup.kr/

코드업(CodeUp)은 우리나라 학생들의 컴퓨팅 사고와 문제 해결능력 (Computational Thinking & Problem Solving)을 향상시키기 위해 대한민국 정보 · 컴퓨터 선생님들이 운영하는 사이트입니다. 특별히 C언어와 파이썬의 경우 [기초 100제]를 제공하고 있어서 두 언어의 기초 문법과 알고리즘을 학습하기에 가장 적합합니다. 그 외에도 다양한 알고리즘 문제와 채점 프로그램을 제공하여 문제 해결 능력을 향상시켜 줍니다. 선생님의 경우에는 수업을 개설할 수 있으며 온라인 수업 시 프로그래밍 수업 도구로 활용하기에 적합합니다. 실제로 많은 중 · 고등학교에서 프로그래밍 학습과 평가를 위해 많은 선생님들이 활용하고 있는 사이트입니다.

**대상** 프로그래밍 언어를 제대로 학습해 보고 싶은 학생
온라인 프로그래밍 문제 출제 및 채점 도구가 필요한 선생님

**학습법** C언어나 파이썬 기초 100제를 먼저 푸세요. 기본 문법을 탄탄하게 익히고 나서야 알고리즘 문제들을 풀 수 있습니다.

## 7 TCP School

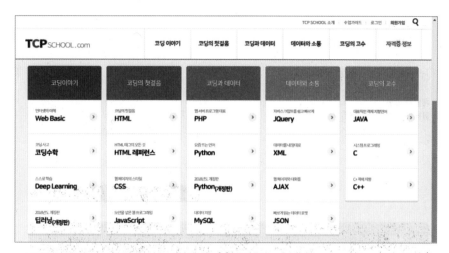

▲ http://tcpschool.com/

TCP School 사이트는 지금까지 소개한 코딩 사이트들보다는 조금 더 전문적인 프로그래밍을 공부할 수 있습니다. 컴퓨터에서 영역별로 가장 많이 쓰이는 프로그래밍 언어에 대해 기초적인 학습을 할 수 있습니다. 깊이 있는 공부를 하기 위해서는 TCP School 만으로는 부족하지만 새로운 언어에 대한 호기심으로 맛보기 공부를 하고 싶다면 추천합니다. 살짝 맛보기 해 본 후 해당 언어에 관심이 생겼다면 본격적으로 도서나 전문적인 사이트를 통해 제대로 공부해 보세요. 마치 베스킨라빈스31 맛보기 스푼같은 사이트입니다.

**대상** 블록 코딩을 경험해 본 후 텍스트 코딩을 통해 제대로 코딩 공부해 보고 싶은 학생
온라인 프로그래밍 교수·학습 자료가 필요한 선생님

**학습법** 자신이 공부하고 싶은 프로그래밍 언어를 선택하세요. 그리고 목차 순서대로 차례차례 공부한다면 기초 프로그래밍을 마스터 할 수 있습니다. 그리고 나면 해당 언어의 깊이있는 공부를 하거나 해당 언어의 적성이 자신과 맞는지 판단할 수 있습니다. 아시나요? 프로그래밍 언어에도 자신의 적성과 일치하는게 있다는 사실을요. 코딩 궁합이 궁금하다면 TCP Scool에서 학습하세요.

부록 코딩공부 학습 사이트

## 8 프로그래머스(Programmers)

▲ https://programmers.co.kr/

축하합니다. 프로그래머스까지 왔다면 여러분은 이제 프로그래머입니다. 프로그래머스는 실력이 우수한 프로그래머를 채용하기 위해 많은 기업에서 코딩 테스트로 사용하는 사이트입니다. 이곳의 강의는 유료로 제공되고 있으나 그 만큼 내용의 깊이가 있으며, 코딩테스트를 위한 실전 모의고사 같은 사이트라고 생각하시면 됩니다. 왜 이렇게 어려운 사이트를 소개하냐고요? 왜냐하면 코딩의 세계에서는 나이도 학벌도 중요하지 않기 때문입니다. 오로지 여러분의 실력만이 중요합니다. 실력으로 인정받는 새로운 세계로 인도해 줄 것입니다. 프로그래밍에 관심이 있고 적성이 맞다면 열심히 코딩 공부하세요.

**대상** 프로그래밍 실력을 남다르게 키우고 싶은 학생과 선생님
컴퓨터를 전공하고 있는 대학생 및 취업준비생

**학습법** 꼭 유료강의를 구매할 필요는 없습니다. 하지만, 프로그래머스를 통해서 코딩 테스트를 보고 IT 취업의 길로 가고 싶다면, 이 곳에서 제공하는 코딩 실전 모의고사를 꼭 풀어보시길 추천합니다.